# 500

## jus green & detox

# 500
# jus green & detox

Carol Beckerman

Éditions
de La Martinière

Une publication du département éditorial *Art de vie*

**Édition originale**

Première édition en 2015 par Sellers Publishing, Inc.
161 John Roberts Road, South Portland, Maine 04106
Visit our Web site: www.sellerspublishing.com
E-mail: rsp@rsvp.com
Sous le titre *500 green and detox juices*



Direction éditoriale : Emma Bastow
Édition : Mark Searle
Suivi éditorial : Salima Hirani
Assistante d'édition : Ella Lines
Direction artistique : Michael Charles
Maquettiste : Rod Teasdale
Photographies : Ian Garlick
Stylisme culinaire : Lucy Heeley

**Édition française**



Retrouvez-nous sur :
editionsdelamartiniere.fr
facebook.com/delamartiniere.musteat

Adaptation et réalisation : Agence Media
Traduction : Yann Leclerc



ISBN : 978-2-7324-7165-5
Dépôt légal : septembre 2015

Achevé d'imprimer en avril 2015
par 1010 Printing International Limited, en Chine

# Sommaire


| | |
|---|---|
| Introduction | 6 |
| Petit-déjeuner | 16 |
| Fruits et légumes | 50 |
| Pour les enfants | 88 |
| Tout fruit | 120 |
| Jus verts detox | 152 |
| Smoothies | 186 |
| Jus rouges detox | 218 |
| Passion des îles | 252 |
| Index | 284 |

# Introduction

***« N'agressez pas votre organisme en le suralimentant. Trop manger vous tuera bien avant votre heure. »*** **Paul Bragg**

Vous avez mangé trop d'aliment gras et sucrés ? Vos vacances ont mis à mal votre digestion ? Vous avez envie d'une vraie cure de detox pour votre corps et de vous lancer résolument dans un programme d'alimentation sain ?

Il n'y a qu'une seule réponse à ces questions, et elle tient en une invitation : faites des jus !

Notre monde moderne souffre d'un mal endémique : nous mangeons trop. Les jus nettoient l'organisme et stimulent tous nos fonctions vitales. En les consommant, ils nous donnent un véritable boost, une bonne dose de vitalité dont notre corps profite pleinement. On a souvent dit que l'alimentation était une médecine et, lorsqu'on parle de jus bien frais gorgés de vitamines et de nutriments, c'est certainement plus vrai que jamais...

Un mode de vie sain est évidemment l'une des clefs de la longévité, et l'alimentation y a une part essentielle. Boire des jus fraîchement pressés présente d'innombrables avantages pour la santé. Le processus préserve en effet l'immense majorité des vitamines, minéraux, enzymes et autres phytonutriments, qui sont, à l'inverse, partiellement dégradés ou même complètement détruits par la cuisson. Par ailleurs, la centrifugeuse ou l'extracteur de jus ayant fait pour vous une partie du travail en

broyant finement les aliments, la digestion en est grandement facilitée : les nutriments sont alors mieux absorbés par l'organisme.

On trouve dans les jus frais tous les phytonutriments des ingrédients qu'on a glissés dans la centrifuqeuse ou l'extracteur de jus, avec une dégradation quasiment nulle. Le corps y puise ainsi de précieux alliés dans sa lutte contre les radicaux libres et la dégradation cellulaire. La consommation de jus joue, de cette manière, un rôle essentiel dans la protection contre les problèmes cardiovasculaires ou les maladies inflammatoires.

Boire des jus ne correspond pas tout à fait, cependant, à une consommation de fruits et de légumes crus entiers : ceux-ci contiennent des fibres longues, importantes pour la digestion, que le processus d'extraction ne permet pas de retrouver dans un jus – donc ne vous privez pas de consommer des fruits et légumes, en alternance cuits ou crus, sous d'autre forme que sous celle de jus.

Les jus frais permettent néanmoins facilement, et avec plaisir, de consommer quotidiennement les 5 fruits et légumes dont nous avons, en moyenne, besoin pour apporter à l'organisme sont contant de vitamines, de minéraux ou de fibres.

Les jus frais sont également excellents pour les enfants, qui adorent leurs couleurs vives et brillantes. Par railleurs, aucun d'entre eux ne se doutera qu'outre de la banane, de la mangue et autres fruits frais qu'ils adorent, le jus onctueux que vous leur présentez contient également des épinards, des brocolis ou du chou kale...

## Pourquoi les jus sont bons pour vous ?

Voici résumés les différents avantages des jus frais :

- Une fois mixés, les nutriments des aliments sont bien plus rapidement assimilés par l'organisme.
- Nous assimilons également un pourcentage plus important des nutriments ingérés.
- La digestion est facilitée, réduisant les sensations de lourdeurs.
- Vous pouvez plus facilement cibler les aliments dont vous avez besoin, pour traiter une pathologie ou une insuffisance nutritionnelle spécifique de votre alimentation.
- À l'inverse, il est facile, grâce aux jus, de supprimer totalement de votre alimentation un ingrédient auquel vous seriez allergique ou peu tolérant.

## Les jus font-ils maigrir ?

Les jus ne sont pas une famille d'aliments magiques, qui permettraient de perdre rapidement du poids. Les calories liquides ont en effet le même pouvoir énergétique que les calories solides. De plus, le corps dépense moins d'énergie pour les assimiler, donc consommer des jus apporte paradoxalement davantage de calories « nettes » à l'organisme. Il ne faut donc surtout pas cumuler jus et recettes classiques dans un même repas : vous doubleriez inéluctablement le nombre de calories assimilées...

Pris régulièrement (le matin ; à la place du déjeuner...), les jus peuvent cependant aider à équilibrer son alimentation autour d'ingrédients plus sains (fruits, légumes...), en bénéficiant à plein de leurs nutriments essentiels : vitamines, minéraux, oligoéléments...

Si vous décidez de suivre un régime principalement composé de jus, considérez celui-ci comme une « cure detox », qui doit alors nécessairement être fortement limitée dans le temps : jamais plus de sept jours ! Assurez-vous aussi que vous répondez à vos besoins énergétiques : comptez 1800 à 2200 calories par jour, en fonction de votre activité physique.

Il est également important de répondre aux besoins de l'organisme en chaque nutriment de base : grâce aux jus, vous ne devriez pas avoir de difficultés à subvenir à vos besoins en glucides, qui sont présents dans la plupart des fruits et légumes. Vous consommerez également des fibres en quantité, même si le processus de mixage les rend moins efficaces. L'ajout, notamment, de laitages (ou de laits végétaux) permet d'approcher les besoins en lipides et en protéines, mais ces deux nutriments restent les plus difficiles à assimiler par la consommation de jus. Si un court régime hypolipidique n'est jamais une mauvaise chose, il vaut mieux cependant ne pas se priver durablement de protéines : aussi, vous pouvez ajouter à vos jus un peu de protéines en poudre, que vous trouverez dans les magasins spécialisés.

## Les ustensiles

### Le presse-agrumes

Le simple presse-agrumes reste l'ustensile de base pour efficacement presser les oranges, citrons et autres pamplemousses. Ils permettent d'extraire un jus clair, en séparant le jus et la pulpe des fruits. Avec un avantage indéniable : un passage sous l'eau courante, et c'est propre !

### La centrifugeuse

Ustensile miracle qui a fait découvrir les jus depuis les années 70 (elle fut l'un des outils qui permit l'émergence de la nouvelle cuisine), la centrifugeuse est aujourd'hui dépassée par l'extracteur de jus, mais elle rend encore de fiers services, et surtout elle reste bien moins onéreuse que son moderne rival... Si vous ne souhaitez vous préparer un jus frais que de temps en temps et n'avez pas envie d'investir plusieurs centaines d'euros dans votre équipement, c'est bien d'une centrifugeuse que vous besoin !

Les centrifugeuses sont équipées le plus souvent d'une partie centrale circulaire, dotée d'une râpe puissante et d'un filtre. Les ingrédients durs y sont râpés, puis centrifugés, la force de rotation permettant d'en extraire le maximum de jus. La pulpe doit ensuite être récupérée contre le filtre pour être jetée (si vous possédez un composteur, n'hésitez pas à l'y mettre !).

### L'extracteur de jus

L'extracteur de jus est beaucoup plus puissant et efficace qu'une simple centrifugeuse. Il fonctionne généralement sur le principe d'une vis infinie, qui broie les ingrédients pour en extraire l'essentiel sous forme de jus. La pulpe et la peau se retrouvent ainsi dans le jus final, avec un minimum de résidus à supprimer dans un deuxième temps.

On peut passer quasiment tous les fruits et légumes à l'extracteur de jus, notamment les légumes à feuille (épinards, chou, roquette, kale...) et même les agrumes, à condition de les avoir pelés (car le zeste et surtout les parties blanches se retrouveraient dans votre jus, qui en deviendrait bien trop amer). Les fruits peuvent y passer entiers, simplement dénoyautés.

Les jus obtenus à l'extracteur sont plus denses et plus homogènes que ceux obtenus avec une centrifugeuse : les aliments sont moins « maltraités », et leurs nutriments mieux préservés pour le processus, notamment les vitamines (du moins c'est ce que prétendent les fabricants).

Outre leur prix, parfois prohibitif, le principal problème des extracteurs de jus reste leur nettoyage : il est parfois long et difficile, obligeant à démonter plusieurs pièces mécaniques. Certaines marques améliorent cet aspect dans leurs dernières innovations, avec des appareils affichant un temps de nettoyage sensiblement réduit par rapport aux précédents modèles. À vous de voir si l'enjeu vaut le surcoût !

**Le blender**

Un blender (ou simplement un mixeur équipé d'un couteau hachoir) est souvent utilisé dans ce livre, même si on peut bien sûr s'en passer, surtout si l'on utilise un extracteur de jus. Il reste pratique pour intégrer un élément liquide à son jus (yaourt brassé, lait végétal...), mais également pour y incorporer des protéines en poudre ou des épices. Grâce au blender, vous obtiendrez un jus parfaitement homogène, chose difficile à obtenir avec une centrifugeuse.

Enfin, le résultat ne sera pas tout à fait identique suivant l'ustensile que vous utiliserez pour prélever le jus de vos aliments : il est possible de passer une mangue (pelée et dénoyautée) dans un extracteur de jus, mais le résultat ne sera pas le même qu'au blender, qui préservera davantage sa texture.

Le blender permet ainsi d'obtenir des textures épaisses et mousseuses, notamment en incorporant une banane, des pêches ou d'autres ingrédients (crème glacée, chocolat râpé...) à des jus obtenus avec une centrifugeuse ou un extracteur de jus. À partir de vos jus, vous obtiendrez ainsi naturellement des smoothies ou des milk-shakes, qui raviront jusqu'aux palais les plus exigeants !

# Petit-déjeuner

Les jus frais sont incontournables dès le petit-déjeuner, pour apporter à l'organisme un maximum des vitamines et des nutriments indispensables pour la journée, facilement assimilables. Vous trouverez dans les recettes de ce chapitre le parfait petit manuel des réveils en fanfare !

# Jus cerise-myrtille

Voir variantes p. 37

La cerise est un fruit incroyable, aux multiples effets bénéfiques sur l'organisme. Elle aide à réduire les attaques de goutte et les symptômes de l'arthrite et est utilisée pour ses propriétés antalgiques naturelles. Ses pigments, les anthocyanines, sont réputés protéger les vaisseaux sanguins et les cellules nerveuses du stress oxydant, donnant à croire que la consommation de cerises pourrait réduire les risques de survenance de maladies dégénératives. Enfin, si tout cela ne suffisait pas... elle est aussi délicieuse !

**150 g de myrtilles**
**120 g de cerises dénoyautées**
**25 cl de jus d'açaï**
**125 g de yaourt brassé**
**1 c. à s. de flocons d'avoine**
**½ c. à c. d'extrait de vanille liquide**

Mélangez dans les ingrédients dans le bol d'un blender, ajoutez une poignée de glaçons et actionnez jusqu'à obtention d'une préparation onctueuse.

# Jus de fruits rouges pour le petit-déjeuner

Voir variantes p. 38

Tous les fruits et légumes contiennent des phytonutriments et la plupart regorgent d'antioxydants. Ceux-ci permettent de lutter contre le stress oxydant, un processus qui dégrade nos cellules et contre lequel l'organisme se bat en permanence. Le plus fameux des antioxydants est sans doute la vitamine la plus connue du grand public : la vitamine C.

**1 pomme (fuji ou gala)**
**1/4 d'ananas victoria**
**70 g de framboises**
**100 g de fraises équeutées**
**12,5 cl de lait entier**
**1 c. à s. de graines de lin**
**1 c. à s. de flocons d'avoine**
**1/2 c. à c. de gingembre en poudre**
**1/2 c. à c. de cannelle en poudre**

Passez à la centrifugeuse ou à l'extracteur de jus la pomme et l'ananas, puis versez ce jus dans le bol d'un blender. Ajoutez les autres ingrédients et actionnez jusqu'à obtention d'une préparation onctueuse.

# Jus pamplemousse-fraise à la menthe

Voir variantes p. 39

Voici la boisson parfaite pour stimuler votre système immunitaire dès le petit-déjeuner ! Le pamplemousse est particulièrement apprécié lorsqu'il est consommé le matin, pour sa teneur en vitamine C et ses vertus nettoyantes. Mais attention, il peut provoquer des interactions avec certains médicaments et les rendre inefficaces : si vous suivez un traitement, n'hésitez pas à demander conseil à votre médecin ou votre pharmacien.

**1 pamplemousse rose**
**1/4 d'ananas victoria**
**1 morceau de gingembre de 1 cm environ**
**5 feuilles de menthe**
**200 g de fraises équeutées**
**2 c. à c. de flocons d'avoine**
**2 c. à c. de graines de lin**

Pressez le pamplemousse rose. Passez l'ananas à la centrifugeuse ou à l'extracteur de jus pour récupérer son jus.

Versez ces jus dans le bol d'un blender. Ajoutez les autres ingrédients et actionnez jusqu'à obtention d'une préparation onctueuse.

# Jus de banane, framboise et épinards aux graines de lin

Voir variantes p. 40

La minuscule graine de lin ne paie pas de mine, et ce n'est pas une céréale : elle en a pourtant toutes les propriétés nutritives, contenant notamment toute une gamme de vitamines et de minéraux. La quantité de fibres, d'antioxydants et d'acides gras oméga-3 qu'elle contient est simplement exceptionnelle.

**20 cl d'eau de coco**
**2 c. à c. de graines de lin**
**80 g de framboises**
**½ banane mûre mais ferme**
**30 g de pousses d'épinards**
**4 c. à c. de beurre de cacahuètes**
**1 c. à c. de poudre de spiruline ou de lucuma**
**½ c. à c. de jus de citron**

Mélangez dans les ingrédients dans le bol d'un blender, actionnez jusqu'à obtention d'une préparation onctueuse.

# Jus mangue-banane

Voir variantes p. 41

La mangue contient non seulement des antioxydants aux nombreuses propriétés protectrices sur les cellules, protégeant notamment de certains cancers ; mais aussi une enzyme qui pourrait être responsable d'une amélioration de l'humeur. Elle jouerait également un rôle sur les maux d'estomac, en régulant la production d'enzymes digestifs.

**2 pommes (fuji ou gala)**
**¼ de concombre**
**½ citron vert**
**1 banane mûre mais ferme**
**½ mangue, dénoyautée, pelée et coupée en cubes**
**¼ d'avocat, dénoyauté et pelé**
**1 c. à c. de germes de blé**

Passez les pommes et le concombre à la centrifugeuse ou à l'extracteur de jus. Pressez le citron vert pour recueillir son jus.

Versez ces jus dans le bol d'un blender. Ajoutez une poignée de glaçons et tous les autres ingrédients et actionnez jusqu'à obtention d'une préparation onctueuse.

# Jus de pomme au sirop d'érable

Voir variantes p. 42

Depuis deux décennies environ, on peut mesurer une augmentation nette et progressive des détections de diabète du type 2 dans les pays développés de la planète. C'est certainement la conséquence d'une alimentation trop riche en sucres rapides, avec des produits très transformés (chips de pommes de terre, pâtes, riz blanc...). La consommation régulière de fruits, notamment de pommes, permet de réguler la glycémie de l'organisme et de se protéger du diabète.

**3 pommes (fuji ou gala)**
**2 c. à s. de flocons d'avoine**
**12,5 cl de lait d'amande**
**1 c. à s. de sirop d'érable**
**1 c. à c. de germes de blé**
**½ c. à c. de cannelle en poudre**

Passez les pommes à la centrifugeuse ou à l'extracteur de jus. Versez ce jus dans le bol d'un blender, ajoutez les autres ingrédients et actionnez jusqu'à obtention d'une préparation bien onctueuse.

# Jus canneberge-myrtille à l'avoine

Voir variantes p. 43

Les flocons d'avoine contribuent à une alimentation équilibrée, éloignant les risques de diabète grâce à leurs glucides complexes et leurs fibres, favorisant une digestion lente. Ils régulent le taux de cholestérol du sang et optimisent l'assimilation des vitamines et minéraux issus des autres ingrédients de ce jus. Les protéines en poudre sont une manière astucieuse et rapide (mais aussi peu coûteuse !) d'incorporer une proportion importante de protéines à votre petit-déjeuner. Les protéines permettent notamment de favoriser la constitution des muscles au détriment des masses graisseuses : l'idéal pour les sportifs, notamment en amont d'un footing matinal !

**1 belle orange à jus**
**½ citron vert**
**140 g de canneberges fraîches ou surgelées**
**2 carottes moyennes**
**¼ d'ananas victoria**
**1 yaourt brassé**
**75 g de myrtilles**
**1 c. à s. de flocons d'avoine**
**1 c. à s. de protéines en poudre**

Pressez l'orange et le citron vert. Passez à la centrifugeuse ou à l'extracteur de jus les canneberges, les carottes et l'ananas.

Versez ces jus dans le bol d'un blender. Ajoutez une poignée de glaçons et tous les autres ingrédients et actionnez jusqu'à obtention d'une préparation onctueuse.

# Jus fruits rouges-goji du matin

Voir variantes p. 44

Les baies de goji sont utilisées en Chine depuis des milliers d'années, comme remède au diabète, à l'hypertension ou même contre la malaria. Depuis, elles se sont faites une réputation de champion du monde des antioxydants : les baies de goji contiennent en effet 3 fois plus de vitamine C que le jus d'orange ! Elles sont également riches en vitamine A, essentielle dans la prévention du cancer de la peau. Suite à certaines études, on conseille d'éviter d'en consommer en cas d'allergies au pollen ou de maladies rénales.

**25 cl de lait de coco**
**12,5 cl d'eau de coco**
**2 c. à s. de baies de goji**
**150 g de myrtilles surgelées**
**75 g de framboises surgelées**
**75 g de mûres surgelées**
**1 c. à s. de graines de lin en poudre**
**2 c. à c. d'huile de noix de coco**
**1 c. à c. d'extrait de vanille liquide**

Mélangez dans le bol d'un blender le lait et l'eau de coco, ajoutez les baies de goji et laissez macérer 30 min.

Ajoutez tous les autres ingrédients et actionnez jusqu'à obtention d'une préparation onctueuse. Si vous utilisez des fruits rouges frais et non surgelés, ajoutez une poignée de glaçons et mixez à nouveau quelques secondes.

# Jus de groseille à maquereau, pêche et mangue

Voir variantes p. 45

Sorte de grosses groseilles translucides, vert clair (mais il existe aussi des variétés rouges), les groseilles à maquereau sont à la fois sucrées et acides. Peu caloriques, elles contiennent des quantités significatives de composés phytochimiques, aux nombreux effets bénéfiques pour la santé. Elles peuvent notamment contribuer à prévenir les maladies neurologiques et dégénératives, à soulager les inflammations et à ralentir les effets du vieillissement. Les groseilles à maquereau sont riches en potassium, aidant à réduire le mauvais cholestérol.

**150 g de groseilles à maquereau**
**1 pomme (fuji ou gala)**
**1 pêche dénoyautée**
**¼ de mangue dénoyautée, pelée et coupée en cubes**
**½ banane, mûre mais ferme**
**1 c. à s. de flocons d'avoine**
**1 c. à c. de poudre de lucuma**
**1 c. à c. de graines de lin en poudre**

Passez à la centrifugeuse ou à l'extracteur de jus les groseilles à maquereau, la pomme et la pêche.

Versez ces jus dans le bol d'un blender. Ajoutez une poignée de glaçons et tous les autres ingrédients et actionnez jusqu'à obtention d'une préparation onctueuse.

# Jus carotte-fenouil à la poudre de maca

Voir variantes p. 46

Les carottes sont considérées comme un aliment anti-vieillissement, du fait de leur taux élevé de bêta-carotène, l'un des plus puissants antioxydants. Elle contribuent à lutter contre le vieillissement des cellules et jouent un rôle sur la santé de la peau, prévenant l'apparition prématurée des rides et améliorant même l'acné.

**2 pommes granny-smith**
**2 carottes moyennes**
**¼ de bulbe de fenouil**
**¼ de concombre**
**15 g de pousses d'épinards**
**1 c. à s. de poudre de maca**

Passez à la centrifugeuse ou à l'extracteur de jus les pommes, les carottes, le fenouil et le concombre.

Versez ces jus dans le bol d'un blender. Ajoutez une poignée de glaçons et la poudre de maca et actionnez jusqu'à obtention d'une préparation onctueuse.

# Jus énergétique choco-banane

Voir variantes p. 47

Les épinards ne sont pas certes aussi riches en fer que la légende (et un certain Popeye) ne le prétend, mais il en contient tout de même presque autant que le persil, et davantage que les viandes rouges (même si le fer celles-ci est mieux assimilé par le corps). C'est aussi une excellente source de manganèse, de magnésium, d'acide folique et de vitamines A, B2, C et K – surtout lorsqu'il est mixé à cru, comme ici. Malgré sa couleur d'un vert intense, dûe à la chlorophylle des épinards, cette boisson a un goût fortement chocolaté : de quoi vous étonner !

**35 cl de lait de coco**
**30 g de pousses d'épinards**
**½ banane mûre mais ferme**
**1 c. à s. de cacao amer en poudre**
**2 c. à c. de poudre de spiruline ou de lucuma**
**½ c. à c. de guarana en poudre**
**1 pincée de chocolat noir râpé**

Versez tous les ingrédients, sauf le chocolat noir râpé, dans le bol d'un blender. Ajoutez une poignée de glaçons et actionnez jusqu'à obtention d'une préparation onctueuse. Saupoudrez de chocolat noir râpé, juste avant de servir.

# Jus orange-fraise au lait de cajou

Voir variantes p. 48

Les noix de cajou ont une teneur en matières grasses notablement plus faible que la plupart des autres fuits secs. 80 % de ses lipides sont constitué d'acides gras insaturés et les deux-tiers de ceux-ci sont des acides gras monoinsaturés, dont nous savons qu'ils sont bénéfiques au cœur et au système cardiovasculaire, à l'instar de l'action de l'huile d'olive sur l'organisme. Les noix de cajou contiennent également du cuivre, qui participe à l'efficacité du système immunitaire, et du magnésium, indispensable aux os et au squelette.

**1 pomme (fuji ou gala)**
**30 g de pousses d'épinards**
**1 orange moyenne**
**20 cl de lait de cajou (voir ci-contre)**
**200 g de fraises équeutées**
**½ banane mûre mais ferme**
**1 c. à s. de flocons d'avoine**
**1 c. à c. de protéines en poudre**

Pour le lait de cajou
**90 g de noix de cajou fraîches**
**1 c. à c. de sirop d'érable (ou de sirop d'agave)**
**½ c. à c. d'extrait de vanille liquide**
**¼ de c. à c. de sel fin**

Préparez d'abord le lait de cajou. Faites tremper les noix de cajou dans de l'eau, 4 h, puis égouttez-les et rincez-les sous l'eau courante. Mettez-les dans le bol d'un mixeur, ajoutez 35 cl d'eau et actionnez par impulsions courtes. Ajoutez le sirop d'érable ou d'agave, l'extrait de vanille liquide et le sel. Actionnez à nouveau. Vous obtenez ainsi environ 45 cl de lait de cajou : vous n'en utiliserez que 20 cl dans la recette. Réservez le reste au réfrigérateur, dans un récipient hermétique, jusqu'à 4 jours.

Passez à la centrifugeuse ou à l'extracteur de jus la pomme et les pousses d'épinards. Pressez l'orange pour recueillir son jus.

Versez ces jus dans le bol d'un blender, ajoutez 20 cl de lait de cajou, une poignée de glaçons et tous les autres ingrédients et actionnez jusqu'à obtention d'une préparation onctueuse.

# Milkshake coco-banane à la poudre de maca

Voir variantes p. 49

Ce jus mousseux contient à la fois de la poudre de maca et des graines de chia. La poudre de maca est produite à partir de la racine d'une plante originaire du Pérou. Elle a des vertus énergisantes, favorisant notamment le tonus et la libido et aidant à lutter contre la dépression et les symptômes de la ménopause et à réduire le stress et la dépression. En poudre, on l'utilise comme complément alimentaire, mais il est recommandé de ne pas en consommer davantage qu'une 1 cuillerée à soupe par jour. Quant aux graines de chia, elles sont une source exceptionnelle d'acides gras oméga-3, tout en contenant autant de protéines que la viande rouge... Ces petites graines noires gonflent dans l'estomac une fois ingérées, absorbant plus de cinq fois leur poids en liquide : elles contribuent ainsi à une sensation de satiété, aidant à la perte de poids.

**20 cl de lait de coco**
**1 c. à s. de graines de chia**
**1 banane mûre mais ferme**
**1/4 de mangue dénoyautée, pelée et coupée en cubes**
**4 c. à s. d'eau de coco**
**1 c. à s. d'huile de noix de coco**
**1 c. à s. de miel**
**1/2 c. à c. de poudre de maca**

Mélangez le lait de coco et les graines de chia dans le bol d'un blender, laissez gonfler 30 min.

Ajoutez une poignée de glaçons et tous les autres ingrédients et actionnez jusqu'à obtention d'une préparation onctueuse.

Variantes

# Jus cerise-myrtille

Voir recette de base p. 17

**Jus cerise-myrtille aux pruneaux**
Suivez la recette de base, en remplaçant le jus d'açaï par du jus de pruneaux fraîchement pressé.

**Jus cerise-myrtille au cacao et graines de lin**
Suivez la recette de base, en ajoutant 2 c. à c. de cacao amer en poudre et 1 c. à s. de graines de lin dans le blender.

**Jus protéiné cerise-myrtille au guarana**
Suivez la recette de base, en remplaçant les flocons d'avoine par 2 c. à c. de poudre de protéines. Ajoutez également ½ c. à c. de guarana en poudre dans le blender.

**Jus cerise-myrtille à la noix de coco, sans produit laitier**
Suivez la recette de base, en remplaçant le yaourt par 12 cl de lait de coco et les flocons d'avoine par 1 c. à s. de noix de coco râpée.

Variantes

# Jus de fruits rouges pour le petit-déjeuner

Voir recette de base p. 18

**Jus de fruits rouges aux amandes pour le petit-déjeuner**
Suivez la recette de base, en supprimant les graines de lin, le gingembre et le lait. Ajoutez dans le blender 12,5 cl de lait d'amande et 1 c. à c. de miel.

**Jus mûre-myrtille pour le petit-déjeuner**
Suivez la recette de base, en remplaçant les fraises et les framboises par 100 g de myrtilles et 100 g de mûres. Remplacez également le lait par 1 yaourt brassé.

**Jus de fruits rouges banane-vanille pour le petit-déjeuner**
Suivez la recette de base, en supprimant le gingembre. Ajoutez dans le blender ½ banane mûre mais ferme et 1 c. à c. d'extrait de vanille liquide.

**Jus de fruits rouges à l'orange pour le petit-déjeuner, sans produit laitier**
Suivez la recette de base, en ajoutant dans le blender le jus de ½ orange fraîchement pressée. Remplacez le lait par du lait d'amande ou du lait de coco.

Variantes

# Jus pamplemousse-fraise à la menthe

Voir recette de base p. 21

**Jus pamplemousse-carotte à la clémentine**
Suivez la recette de base, en supprimant les fraises, le gingembre et la menthe. Ajoutez dans la centrifugeuse ou l'extracteur de jus 1 clémentine pelée, 2 carottes et 30 g de pousses d'épinards.

**Jus pamplemousse-fraise au melon et à la menthe**
Suivez la recette de base, en ajoutant 180 g de chair de melon dans le blender.

**Jus pamplemousse-fraise au basilic**
Suivez la recette de base, en remplaçant la menthe par 4 feuilles de basilic.

**Jus pamplemousse-fraise poivré**
Suivez la recette de base, en supprimant la menthe. Ajoutez en revanche 3 à 4 tours de moulin à poivre, idéalement de poivre long.

Variantes

# Jus de banane, framboise et épinards aux graines de lin

Voir recette de base p. 22

**Jus de banane, fraise et épinards à la spiruline**
Suivez la recette de base, en remplaçant les framboises par 100 g de fraises. Ajoutez également 1 c. à c. de spiruline dans le blender.

**Jus de banane, framboise et kale aux amandes**
Suivez la recette de base, en remplaçant les épinards par du kale et le beurre de cacahuète par 1 c. à s. de poudre d'amandes.

**Jus de banane, framboise, melon et épinards aux graines de lin**
Suivez la recette de base, en ajoutant 180 g de chair de melon dans le blender.

**Jus de banane, myrtille et pêche aux graines de lin**
Suivez la recette de base, en supprimant les épinards et le beurre de cacahuètes. Ajoutez dans la centrifugeuse ou l'extracteur de jus 50 g de myrtilles et 2 pêches dénoyautées.

Variantes

# Jus mangue-banane

Voir recette de base p. 24

**Jus mangue-banane à l'orange et aux fraises**
Suivez la recette de base, en supprimant une des pommes. Ajoutez dans le blender le jus de 2 oranges fraîchement pressées, 200 g de fraises fraîches et 2 c. à s. de yaourt brassé.

**Jus mangue-banane à l'avoine et aux amandes**
Suivez la recette de base, en supprimant les germes de blé. Ajoutez dans le blender 1 c. à s. de flocons d'avoine et 2 c. à s. de poudre d'amandes.

**Jus mangue-banane à l'ananas**
Suivez la recette de base, en remplaçant les pommes par 1/4 d'ananas. Ajoutez dans le blender 1 c. à c. de miel et 2 c. à s. de yaourt brassé.

**Jus mangue-banane au beurre de cacahuètes**
Suivez la recette de base, en supprimant l'avocat et les germes de blé. Ajoutez dans le blender 1 c. à s. de beurre de cacahuètes et 2 c. à s. de yaourt brassé.

Variantes

# Jus de pomme au sirop d'érable

Voir recette de base p. 25

**Jus pomme-mûre au sirop d'érable**
Suivez la recette de base, en ajoutant 150 g de mûres dans la centrifugeuse ou l'extracteur de jus, à la suite des pommes.

**Jus pomme-ananas au sirop d'érable**
Suivez la recette de base, en ajoutant ¼ d'ananas et ¼ de concombre dans la centrifugeuse ou l'extracteur de jus.

**Jus pomme-myrtille au miel**
Suivez la recette de base, en remplaçant le sirop d'érable par du miel. Ajoutez dans le blender 2 c. à s. de myrtilles et 2 c. à s. de yaourt brassé.

**Jus de pomme, concombre et citron**
Suivez la recette de base, en supprimant le lait d'amande, le sirop d'érable, les germes de blé et la cannelle. Ajoutez dans la centrifugeuse ou l'extracteur de jus ¼ de concombre, 1 tranche de 1 cm environ de citron avec la peau, un tronçon de branche de céleri et 1 morceau de gingembre de 1 cm environ.

Variantes

# Jus canneberge-myrtille à l'avoine

Voir recette de base p. 27

**Jus canneberge-pomme à l'avoine**
Suivez la recette de base, en supprimant les myrtilles. Ajoutez 2 pommes dans la centrifugeuse ou l'extracteur de jus.

**Jus canneberge-mûre à l'avoine**
Suivez la recette de base, en remplaçant les myrtilles par des mûres.

**Jus canneberge-mangue à l'avoine**
Suivez la recette de base, en remplaçant les myrtilles par ½ mangue pelée et dénoyautée.

**Jus canneberge-myrtille à l'avoine, sans produit laitier**
Suivez la recette de base, en remplaçant le yaourt brassé par du lait de coco ou du lait d'amande.

Variantes

# Jus fruits rouges-goji du matin

Voir recette de base p. 28

**Jus betterave-goji du matin**
Passez 1 betterave crue dans une centrifugeuse ou un extracteur de jus. Versez ce jus dans le blender avec les baies de goji macérées, avant de mixer le tout.

**Jus fruits rouges-kiwi du matin**
Suivez la recette de base, en ajoutant 2 kiwis pelés dans le blender, avant de mixer le tout.

**Jus fruits rouges-orange du matin**
Suivez la recette de base, en ajoutant dans le blender le jus de deux oranges fraîchement pressées. Supprimez le lait de coco.

**Jus fruits rouges-carotte du matin**
Passez 3 carottes et 1 orange pelée dans une centrifugeuse ou un extracteur de jus. Suivez la recette de base, en remplaçant le lait de coco par ce jus.

Variantes

# Jus de groseille à maquereau, pêche et mangue

Voir recette de base p. 30

**Jus de groseille à maquereau, pêche, mangue et cerise**
Suivez la recette de base, en ajoutant dans la centrifugeuse ou l'extracteur de jus 200 g de cerises dénoyautées.

**Jus de groseille à maquereau, pêche, mangue et avocat**
Suivez la recette de base, en remplaçant la banane par ½ avocat, dénoyauté et pelé.

**Jus de groseille à maquereau, pêche, mangue et figue**
Suivez la recette de base, en remplaçant la mangue par 2 figues. Ajoutez-les dans la centrifugeuse ou l'extracteur de jus.

**Jus de groseille à maquereau, pêche, mangue et mûre**
Suivez la recette de base, en ajoutant 75 g de mûres dans le blender.

Variantes

# Jus carotte-fenouil à la poudre de maca

Voir recette de base p. 31

**Jus carotte-mangue à la poudre de maca**
Suivez la recette de base, en remplaçant le fenouil par ½ mangue, pelée et dénoyautée.

**Jus carotte-banane à la poudre de maca**
Suivez la recette de base, en remplaçant le fenouil par ½ banane, mûre mais ferme.

**Jus carotte-avocat à la poudre de maca**
Suivez la recette de base, en remplaçant le fenouil par ½ avocat, pelé et dénoyauté.

**Jus carotte-ananas à la poudre de maca**
Suivez la recette de base, en remplaçant le fenouil par ¼ d'ananas.

Variantes

# Jus énergétique choco-banane

Voir recette de base p. 33

**Jus énergétique choco-banane, saveur moka**
Suivez la recette de base, en ajoutant 1 c. à c. de café lyophilisé dans le blender.

**Jus énergétique choco-banane à l'orange et aux amandes**
Suivez la recette de base, en ajoutant dans le blender le jus d'une orange fraîchement pressée et 12 cl de lait d'amande.

**Jus énergétique choco-avocat**
Suivez la recette de base, en remplaçant la banane par ½ avocat, pelé et dénoyauté.

**Jus énergétique choco-banane à l'abricot**
Suivez la recette de base, en ajoutant 2 abricots dénoyautés dans le blender.

Variantes

# Jus orange-fraise au lait de cajou

Voir recette de base p. 34

**Jus orange-framboise au lait d'amandes**
Suivez la recette de base, en remplaçant le lait de cajou par du lait d'amande et les fraises par des framboises.

**Jus orange-myrtille au lait de cajou**
Suivez la recette de base, en remplaçant les framboises par des myrtilles. Ajoutez également dans le blender 1 c. à s. de beurre de cajou (en magasin bio), avant de mixer.

**Jus orange-fraise au lait de coco**
Suivez la recette de base, en remplaçant le lait de cajou par du lait de coco. Ajoutez également 1 c. à s. de noix de coco râpée dans le blender.

**Jus mandarine-fraise au lait de cajou**
Suivez la recette de base, en remplaçant l'orange par deux mandarines.

Variantes

# Milkshake choco-banane à la poudre de maca

Voir recette de base p. 36

**Milkshake coco-banane aux germes de blé**
Suivez la recette de base, en remplaçant les graines de chia par 1 c. à s. de germes de blé et la mangue par 75 g de myrtilles. Inutile de laisser gonfler avant de mixer.

**Milkshake coco-banane à l'ananas**
Passez 1/4 d'ananas à la centrifugeuse ou à l'extracteur de jus. Suivez la recette de base, en ajoutant ce jus dans le blender.

**Milkshake coco-banane à la papaye**
Suivez la recette de base, en remplaçant la mangue par 1/4 de papaye pelée et épépinée. Ajoutez également 1 c. à s. de flocons d'avoine dans le blender.

**Milkshake coco-banane à la figue**
Suivez la recette de base, en remplaçant la mangue par 2 belles figues fraîches.

# Fruits et légumes

Vous découvrirez dans ce chapitre qu'il est possible de faire le plein de nutriments en un seul verre, et ce à chaque repas, du soir au matin. Chacun de ces jus frais regorge de vitamines, minéraux, glucides... De quoi contenter aussi bien l'organisme que les papilles !

# Jus de pomme, poire, carotte et concombre

Voir variantes p. 74

La vitamine E contenue dans les mangues interagit avec le système hormonal de l'organisme, le rendant plus efficace dans sa lutte contre les maladies bactériennes ou les agressions extérieures. Certaines études tendent également à démontrer qu'elle augmenterait sensiblement la libido.

**2 carottes moyennes**
**1 pomme (fuji ou gala)**
**1 poire**
**1/2 betterave crue**
**1 branche de céleri**
**1/4 de concombre**
**1 cm de gingembre frais**
**1/2 mangue dénoyautée, pelée et coupée en cubes**

Passez à la centrifugeuse ou à l'extracteur de jus les carottes, la pomme, la poire, la betterave, le céleri, le concombre et le gingembre. Versez ce jus dans le bol d'un blender, ajoutez la mangue et une poignée de glaçons et actionnez jusqu'à obtention d'une préparation bien onctueuse.

# Jus vert à l'ananas

Voir variantes p. 75

Les légumes à feuilles de couleur vert foncé, comme les épinards, le chou, le brocoli et les blettes, sont tous riches en fer, même si ce fer est toujours moins bien assimilé par l'organisme que celui des produits carnés. Attention à ne pas confondre les blettes rouges avec des feuilles de rhubarbe, qui leur ressemblent beaucoup, mais qui sont toxiques !

**2 pommes (fuji ou gala)**
**60 g de pousses d'épinards**
**125 g de blettes rouges**
**¼ de concombre**
**¼ d'ananas victoria**
**¼ de citron vert, pelé**
**1 c. à c. de poudre de spiruline ou de lucuma**

Passez à la centrifugeuse ou à l'extracteur de jus, dans cet ordre, une pomme, les pousses d'épinards, les blettes, le concombre, la deuxième pomme, l'ananas et le citron vert.

Versez ce jus dans le bol d'un blender, ajoutez la poudre de spiruline ou de lucuma et une poignée de glaçons. Actionnez jusqu'à obtention d'une préparation onctueuse. Si le jus se sépare en plusieurs couches dans les verres, mélangez délicatement.

# Jus de pomme, kiwi et carotte

Voir variantes p. 76

Particulièrement peu calorique et riche en fibre, la carotte est un légume idéal pour les régimes amaigrissants, d'autant qu'avec ses fibres et ses glucides complexes, elle donne une sensation de satiété relativement longue. Elle est exceptionnellement riche en bêta-carotène (elle lui a d'ailleurs donné son nom), qui est converti en vitamine A par le foie.

**2 pommes granny-smith**
**½ kiwi, pelé**
**2 belles carottes**
**25 g de persil frisé**
**1 branche de céleri**

Passez tous les ingrédients à la centrifugeuse ou à l'extracteur de jus. Servez sur des glaçons.

# Jus betterave-orange au miel et à la poudre d'açaï

Voir variantes p. 77

La betterave contient du tryptophane, le plus rare des 20 acides aminés essentiels, que l'organisme ne peut générer seul et qu'il est donc nécessaire de se procurer dans notre alimentation. Le rôle du tryptophane est essentiel : il permet notamment de synthétiser la sérotonine, indispensable au bon fonctionnement du cerveau, et la mélatonine, qu'on appelle « hormone du sommeil ». La betterave est donc l'alliée de vos nuits calmes...

**1 betterave crue moyenne**
**2 oranges moyennes, pelées**
**2 prunes rouges dénoyautées**
**12,5 cl de lait entier**
**1 c. à s. de poudre d'açaï**
**1 c. à s. de miel**

Passez à la centrifugeuse ou à l'extracteur de jus la betterave, les oranges et les prunes. Versez ce jus dans le bol d'un blender, ajoutez le reste des ingrédients et une poignée de glaçons et actionnez jusqu'à obtention d'une préparation onctueuse.

# Jus de pomme, persil et concombre

Voir variantes p. 78

Le persil est particulièrement riche en nutriments, or on le consomme toujours en très petites quantités, ne permettant guère d'en profiter… Dans un jus tel que celui-ci, plus de faux-semblants : on y retrouve chaque vitamine, chaque minéral caché au cœur de ses cellules. Le persil est notamment riche en flavonoïdes, réputés pour leur action protectrice contre certains cancers (dont celui des poumons).

**2 pommes (fuji ou gala)**
**1 belle botte de persil plat**
**½ concombre**
**1 citron vert, pelé**
**1 c. à c. d'huile de noix de coco**
**9 cl d'eau de coco**

Passez à la centrifugeuse ou à l'extracteur de jus les pommes, le persil plat, le concombre et le citron vert. Versez ce jus dans le bol d'un blender, ajoutez les autres ingrédients et une poignée de glaçons et actionnez jusqu'à obtention d'une préparation onctueuse.

# Jus d'ananas, fraise et concombre

Voir variantes p. 79

Avec ses 14 kcal/100 g, le concombre est l'un des ingrédients les moins caloriques de nos étals. Un concombre entier ne fournit ainsi que 2 % de nos besoins journaliers ! Il ne contient quasiment pas de lipides, mais il apporte du potassium, du bêta-carotène et des vitamines, ainsi que des fibres, surtout s'il est consommé avec sa peau.

**½ citron vert**
**¼ d'ananas victoria**
**1 pomme (fuji ou gala)**
**½ concombre**
**400 g de fraises équeutées**
**1 c. à c. de germes de blé**

Pressez le citron vert. Passez à la centrifugeuse ou à l'extracteur de jus l'ananas, la pomme et le concombre. Versez ces jus dans le bol d'un blender, ajoutez les fraises, les germes de blé et une poignée de glaçons et actionnez jusqu'à obtention d'une préparation onctueuse.

# Jus de fenouil, ananas et céleri

Voir variantes p. 80

Légume botaniquement proche du persil, des carottes et de la coriandre, le fenouil est peu calorique et réputé pour favoriser la digestion. Avec sa saveur anisée, il a des vertus apéritives, mais aussi dépuratives. Il est riche en de nombreuses vitamines et minéraux, notamment en calcium et en potassium. Il est également riche en fibres, surtout quand il est mangé cru. Dans un régime amaigrissant, il peut être consommé à satiété.

**1 pomme (fuji ou gala)**
**1/4 d'ananas victoria**
**1/4 de bulbe de fenouil**
**2 branches de céleri**
**1 cm de gingembre frais**

Passez tous les ingrédients à la centrifugeuse ou à l'extracteur de jus, puis servez dans des verres, sur des glaçons.

# Jus mangue-myrtille au chou vert et au piment de Cayenne

Voir variantes p. 81

La saveur douceâtre des mangues cache une véritable armée de phytonutriments, tous plus utiles à l'organisme les uns que les autres. Elles contiennent ainsi du bêta-carotène, de la vitamine E et du sélénium, qui peuvent tous contribuer à protéger contre les maladies cardiaques et de certains cancers (côlon, utérus). Les mangues contiennent aussi des vitamines A et C et sont une excellente source de potassium participant à la régulation des contractions musculaires.

**90 g de feuilles de chou vert**
**2 pommes (fuji ou gala)**
**½ citron, pelé**
**½ mangue pelée, dénoyautée et coupée en cubes**
**150 g de myrtilles**
**¼ d'avocat, pelé**
**1 c. à s. de graines de lin**
**¼ de c. à c. de piment de Cayenne**

Passez à la centrifugeuse ou à l'extracteur de jus le chou vert, les pommes et le citron. Versez ce jus dans le bol d'un blender, ajoutez les autres ingrédients et une poignée de glaçons et actionnez jusqu'à obtention d'une préparation onctueuse.

# Jus detox canneberge-céleri

Voir variantes p. 82

Les canneberges sont bonnes pour le cœur et, plus globalement, le système cardiovasculaire dans son ensemble. Elles aident en effet à réguler le taux de cholestérol du sang, qui peut être responsable d'une mauvaise circulation artérielle. Les canneberges contiennent également de l'acide citrique et d'autres nutriments qui peuvent aider à empêcher la formation de calculs rénaux. Elles préviennent aussi d'autres problèmes graves, au rein et à la vessie. Consommer des canneberges peut aider à prévenir les maladies dentaires et à éviter l'apparition de caries.

**2 pommes (fuji ou gala)**
**1 poire**
**15 g de pousses d'épinards**
**50 g de canneberges fraîches ou surgelées**
**½ branche de céleri**
**¼ de concombre**
**¼ d'avocat pelé**
**1 c. à c. de graines de lin**

Passez à la centrifugeuse ou à l'extracteur de jus les pommes, la poire, les pousses d'épinards, les canneberges, le céleri et le concombre. Versez ce jus dans le bol d'un blender, ajoutez l'avocat, les graines de lin et une poignée de glaçons et actionnez jusqu'à obtention d'une préparation onctueuse.

# Jus énergétique pomme-laitue à la menthe

Voir variantes p. 83

Avec sa saveur fraîche, la menthe joue un rôle apéritif sur les papilles, en les rendant plus réceptives. Mais, grâce aux huiles essentielles qu'elle contient, elle est également efficace pour lutter contre les nausées et les inflammations, qui sont souvent associées à la survenue de maux de tête, voire de migraines. La menthe est encore utile sur la qualité du système respiratoire, prévenant de la survenue des crises d'asthme et limitant les risques de rhumes.

**2 pommes granny-smith**
**1/4 de concombre**
**150 g de feuilles de laitue**
**5 feuilles de menthe fraîche**
**40 g de framboises**
**12,5 cl d'eau de coco**

Passez à la centrifugeuse ou à l'extracteur de jus les pommes, le concombre, la laitue et la menthe. Versez ce jus dans le bol d'un blender, ajoutez les autres ingrédients et une poignée de glaçons et actionnez jusqu'à obtention d'une préparation onctueuse.

# Jus de betterave citronné au gingembre et aux graines de chia

Voir variantes p. 84

La betterave est gorgée de nombreux nutriments, notamment en vitamines A, B et C, en potassium, en magnésium, en fibres, en phosphore, en fer, bêta-carotène, acide folique et bêtacyanine. C'est cette dernière qui donne sa couleur pourpre à la betterave, qui tache les doigts et colore même parfois même les urines : en effet, chez 10 à 15 % de la population, elle ne se décompose pas dans le système digestif. Mais cela n'ôte rien aux mille qualités de la betterave…

**20 cl d'eau de coco**
**1 c. à s. de graines de chia**
**2 pommes (fuji ou gala)**
**125 g de persil plat**
**2 petites betteraves crues**
**2 citrons, pelés**
**2,5 cm de gingembre frais**

Versez l'eau de coco et les graines de chia dans le bol d'un blender, actionnez quelques secondes, puis laissez reposer 30 min.

Passez à la centrifugeuse ou à l'extracteur de jus les pommes, puis le persil plat, la betterave, les citrons et enfin le gingembre. Versez ce jus dans le blender avec la préparation précédente, actionnez jusqu'à obtention d'une préparation onctueuse. Versez sur des glaçons.

# Jus orange-poire aux pousses d'épinards

Voir variantes p. 85

Les graines de potiron sont une véritable mine de nutriments, notamment des vitamines, des minéraux et tous les acides aminés importants. Le magnésium contribue à une bonne santé cardiaque, le tryptophane améliore la qualité du sommeil, le zinc améliore la réponse immunitaire. Les graines de potiron ont également des propriétés anti-inflammatoires, elles sont bénéfiques à la prostate et leurs graisses saturées sont bonnes pour le cœur et pour le foie.

**1 poire**
**1 orange, pelée**
**½ citron vert, pelé**
**30 g de pousses d'épinards**
**½ concombre**
**½ banane mûre mais ferme**
**4 c. à s. d'eau de coco**
**1 c. à s. de graines de potiron concassées**
**1 c. à c. de poudre de spiruline ou de lucuma**
**1 c. à c. d'huile de noix de coco**

Passez à la centrifugeuse ou à l'extracteur de jus la poire, l'orange, le citron vert, les pousses d'épinards et le concombre. Versez ce jus dans le bol d'un blender, ajoutez les autres ingrédients et une poignée de glaçons et actionnez jusqu'à obtention d'une préparation bien onctueuse.

# Jus de melon, poire et patate douce

Voir variantes p. 86

Toutes les variétés de melon n'ont pas les mêmes apports nutritionnels, mais leur pouvoir calorique reste très proche. Le taux d'antioxydants, notamment de bêta-carotène, est fonction de la couleur de la chair : plus elle est orangée, plus elle en est riche ! Les melons contiennent également du collagène, qui contribue au renouvellement des tissus.

**2 poires**
**1 petite patate douce**
**½ melon jaune ou charentais, pelé, épépiné et coupé en cubes**

Passez les poires et la patate douce à la centrifugeuse ou à l'extracteur de jus. Versez ce jus dans le bol d'un blender, ajoutez le melon et une poignée de glaçons et actionnez jusqu'à obtention d'une préparation onctueuse.

# Jus de courgette, betterave, chou vert et poire

Voir variantes p. 87

Exceptionnellement peu calorique (à peine 10 kcal/100 g), la courgette est le légume de régime par excellence. Pour autant, elle n'est pas dénuée de nutriments, loin de là ! Elle contient du calcium, du potassium, du phosphore et du magnésium, ainsi que des vitamines du groupe B. Des études ont démontré que les cucurbitacées (dont font partie les courgettes) auraient un rôle protecteur contre la dégénérescence des cellules, et pourraient même prévenir certains cancers (colon, poumon).

**2 poires**
**1 petite betterave crue**
**90 g de chou vert émincé**
**1 tomate**
**1 citron, pelé**
**½ courgette**
**1 cm de gingembre frais**

Passez tous les ingrédients à la centrifugeuse ou à l'extracteur de jus, puis versez sur des glaçons.

Variantes

# Jus de pomme, poire, carotte et concombre

Voir recette de base p. 51

**Jus de pomme, carotte, courgette et mûre**
Suivez la recette de base, en remplaçant les poires et le céleri par ¼ de courgette et 75 g de mûres. Ajoutez-les dans la centrifugeuse ou l'extracteur de jus.

**Jus d'orange, poire, avocat et concombre**
Suivez la recette de base, en remplaçant la pomme et les carottes par 1 orange moyenne et 1 avocat, pelés, directement dans la centrifugeuse ou l'extracteur de jus.

**Jus de pomme, poire, concombre et myrtille**
Suivez la recette de base, en remplaçant les carottes, la betterave et le gingembre par 75 g de myrtilles, directement dans la centrifugeuse ou l'extracteur de jus.

**Jus d'orange, canneberge, carotte et concombre**
Suivez la recette de base, en remplaçant la pomme et la poire par 1 orange moyenne pelée et 70 g de canneberges, directement dans la centrifugeuse ou l'extracteur de jus.

Variantes

# Jus vert à l'ananas

Voir recette de base p. 52

**Jus vert à l'ananas et au beurre de cacahuètes**
Suivez la recette de base, en supprimant les blettes. Dans le blender, ajoutez 1 c. à s. de beurre de cacahuètes avant d'actionner.

**Smoothie vert à l'ananas et à l'avocat**
Suivez la recette de base, en supprimant les blettes. Dans le blender, ajoutez 1/4 d'avocat pelé et 1 yaourt brassé. Actionnez jusqu'à obtention d'une préparation onctueuse.

**Jus vert à l'ananas et à l'avocat**
Suivez la recette de base, en remplaçant les blettes par 1/2 avocat pelé, directement dans la centrifugeuse ou l'extracteur de jus.

**Jus vert à l'ananas et à la betterave**
Suivez la recette de base, en remplaçant les blettes par 1 petite betterave crue.

Variantes

# Jus de pomme, kiwi et carotte

Voir recette de base p. 55

**Jus de pomme, kiwi et mangue**
Suivez la recette de base, en supprimant les carottes. Versez le jus dans un blender, ajoutez ½ mangue pelée et dénoyautée et une poignée de glaçons et actionnez jusqu'à obtention d'une préparation onctueuse.

**Jus de pomme, kiwi et pêche**
Suivez la recette de base, en supprimant les carottes. Versez le jus dans un blender, ajoutez 2 pêches dénoyautées et une poignée de glaçons et actionnez jusqu'à obtention d'une préparation onctueuse.

**Jus de pomme, kiwi et carotte au tahini**
Suivez la recette de base, en remplaçant le persil et le céleri par ¼ d'ananas et ¼ de concombre. Versez le jus dans un blender, ajoutez 1 c. à s. de tahini (pâte de sésame) et une poignée de glaçons et actionnez jusqu'à obtention d'une préparation onctueuse.

**Jus de pomme, kiwi et carotte au beurre d'amandes**
Suivez la recette de base, puis versez le jus dans un blender. Ajoutez 1 c. à s. de beurre d'amandes, 4 c. à s. de lait d'amandes et une poignée de glaçons. Actionnez jusqu'à obtention d'une préparation onctueuse.

Variantes

# Jus betterave-orange au miel et à la poudre d'açaï

Voir recette de base p. 56

**Jus betterave-orange au miel et à la poudre de spiruline**
Suivez la recette de base, en remplaçant la poudre d'açaï par 1 c. à c. de poudre de spiruline.

**Jus betterave-pomme aux épinards et à la mûre**
Suivez la recette de base, en supprimant les oranges et le lait. Ajoutez 2 pommes et 30 g de pousses d'épinards dans la centrifugeuse ou l'extracteur de jus et 75 g de mûres dans le blender.

**Jus betterave-orange au miel et à la figue**
Suivez la recette de base, en remplaçant les prunes par 2 figues fraîches.

**Jus betterave-orange au sirop d'agave, sans produit laitier**
Suivez la recette de base, en remplaçant le lait par du lait d'amandes et le miel par du sirop d'agave.

Variantes

# Jus de pomme, persil et concombre

Voir recette de base p. 58

**Jus de pomme, cresson et concombre**
Suivez la recette de base, en remplaçant le persil par 1 petite botte de cresson.

**Jus de pomme, menthe et concombre**
Suivez la recette de base, en remplaçant le persil par 8 feuilles de menthe fraîche.

**Jus de pomme, kale et concombre**
Suivez la recette de base, en remplaçant le persil par du kale.

**Jus de pomme, persil et céleri**
Suivez la recette de base, en remplaçant le concombre par 3 branches de céleri.

**Jus de pomme, coriandre et concombre**
Suivez la recette de base, en remplaçant le persil par 4 branches de coriandre fraîche, effeuillées et ciselées.

Variantes

# Jus d'ananas, fraise et concombre

Voir recette de base p. 59

**Jus d'ananas, fraise, concombre et cassis**
Suivez la recette de base, en ajoutant 50 g de cassis dans la centrifugeuse ou l'extracteur de jus.

**Jus d'ananas, fraise, concombre et carotte**
Suivez la recette de base, en ajoutant 2 carottes moyennes dans la centrifugeuse ou l'extracteur de jus.

**Jus d'ananas, fraise, concombre et brocoli**
Suivez la recette de base, en ajoutant 5 petites fleurettes de brocoli dans la centrifugeuse ou l'extracteur de jus.

**Jus d'ananas, fraise, concombre et coriandre**
Suivez la recette de base, en ajoutant 1 botte de coriandre fraîche dans la centrifugeuse ou l'extracteur de jus.

Variantes

# Jus de fenouil, ananas et céleri

Voir recette de base p. 61

**Jus de fenouil, ananas et concombre**
Suivez la recette de base, en remplaçant le céleri par ½ concombre.

**Jus de fenouil, ananas et laitue**
Suivez la recette de base, en remplaçant le céleri par 150 g de feuilles de laitue.

**Jus de fenouil, ananas, céleri et basilic**
Suivez la recette de base, en ajoutant dans la centrifugeuse ou l'extracteur de jus ¼ de citron vert pelé et quelques feuilles de basilic frais.

**Jus de fenouil, ananas, carotte et gingembre**
Suivez la recette de base, en ajoutant dans la centrifugeuse ou l'extracteur de jus 1 carotte moyenne et 1 morceau de gingembre de 5 mm de long environ.

Variantes

# Jus mangue-myrtille au chou vert et piment de Cayenne

Voir recette de base p. 62

**Jus papaye-mûre au chou vert et au piment de Cayenne**
Suivez la recette de base, en remplaçant la mangue par ½ papaye, pelée et épépinée, et les myrtilles par des mûres.

**Jus mangue-cassis au kale et au piment de Cayenne**
Suivez la recette de base, en remplaçant le chou vert par du kale et les myrtilles par du cassis.

**Jus mangue-myrtille à la laitue et au piment de Cayenne**
Suivez la recette de base, en remplaçant le chou par 150 g de feuilles de laitue.

**Jus mangue-myrtille aux épinards, aux prunes et au piment de Cayenne**
Suivez la recette de base, en remplaçant le chou par des épinards. Ajoutez 3 prunes dénoyautées dans la centrifugeuse ou l'extracteur de jus et 1 c. à c. de lavande séchée dans le blender.

Variantes

# Jus detox canneberge-céleri

Voir recette de base p. 64

**Jus detox canneberge-céleri au pissenlit**
Suivez la recette de base, en ajoutant 4 branches de pissenlit dans la centrifugeuse ou l'extracteur de jus.

**Jus detox canneberge-céleri à la spiruline**
Suivez la recette de base, en ajoutant ½ c. à c. de poudre de spiruline dans le blender.

**Jus detox canneberge-céleri à la pêche**
Suivez la recette de base, en remplaçant les pommes par 2 pêches dénoyautées.

**Jus detox canneberge-céleri aux baies de goji**
Suivez la recette de base, en ajoutant 1 c. à s. de baies de goji dans le blender avec le jus. Actionnez une première fois, laissez macérer 30 min, puis ajoutez le reste des ingrédients et une poignée de glaçons et actionnez jusqu'à obtention d'une préparation onctueuse.

# Jus énergétique pomme-laitue à la menthe

Voir recette de base p. 65

**Jus énergétique melon-mûre à la menthe**
Suivez la recette de base, en supprimant le concombre et les framboises. Ajoutez dans le blender ½ melon pelé et épépiné et 50 g de mûres.

**Jus énergétique pomme-épinards à la menthe, aux prunes et au guarana**
Suivez la recette de base, en remplaçant la laitue par 30 g de pousses d'épinards. Supprimez les framboises. Ajoutez 2 prunes dénoyautées dans la centrifugeuse ou l'extracteur de jus et ½ c. à c. de guarana dans le blender.

**Jus énergétique pomme-kale à la menthe et à la figue**
Suivez la recette de base, en remplaçant la laitue par 70 g de kale. Supprimez les framboises, mais ajoutez 2 figues dans la centrifugeuse ou l'extracteur de jus. Ajoutez enfin 1 c. à c. de poudre de protéines dans le blender.

**Jus énergétique pomme-cresson à la menthe et aux myrtilles**
Suivez la recette de base, en remplaçant la laitue par 20 g de cresson et les framboises par des myrtilles.

Variantes

# Jus de betterave citronné au gingembre et aux graines de chia

Voir recette de base p. 67

**Jus betterave-pamplemousse au gingembre et aux graines de chia**
Suivez la recette de base, en remplaçant les citrons par 1 beau pamplemousse rose, pelé.

**Jus betterave-groseille à maquereau au gingembre et aux graines de chia**
Suivez la recette de base, en remplaçant les citrons par 150 g de groseilles à maquereau.

**Jus betterave-orange au gingembre et aux graines de chia**
Suivez la recette de base, en remplaçant les citrons par 2 oranges moyennes, pelées.

**Jus betterave-rhubarbe au gingembre et aux graines de chia**
Suivez la recette de base, en remplaçant les citrons par 280 g de rhubarbe coupée en tronçons.

Variantes

# Jus orange-poire aux pousses d'épinards

Voir recette de base p. 68

**Jus orange-poire à la laitue, au céleri et aux graines de tournesol**
Suivez la recette de base, en remplaçant les épinards par 75 g de feuilles de laitue, le concombre par 2 branches de céleri et les graines de potiron par des graines de tournesol.

**Jus orange-poire au kale, au brocoli et aux graines de pavot**
Suivez la recette de base, en remplaçant les épinards par du kale, le concombre par du brocoli et les graines de potiron par des graines de pavot.

**Jus orange-poire au chou vert, à la courgette et aux noix**
Suivez la recette de base, en remplaçant les épinards par du chou vert, le concombre par 150 g de courgettes et les graines de potiron par 1 c. à s. de cerneaux de noix.

**Jus orange-poire à la patate douce, à la carotte et à la coriandre**
Suivez la recette de base, en supprimant les épinards, le concombre et les graines de potiron. Ajoutez ½ patate douce et 1 grosse carotte dans la centrifugeuse ou l'extracteur de jus. Ajoutez également 1 c. à s. de coriandre fraîche dans le blender.

Variantes

# Jus de melon, poire et patate douce

Voir recette de base p. 71

**Jus de melon, poire, courge butternut et prune**
Suivez la recette de base, en remplaçant la patate douce par 200 g de chair de courge butternut et 2 prunes dénoyautées.

**Jus de melon, poire et carotte**
Suivez la recette de base, en remplaçant la patate douce par 2 carottes moyennes.

**Jus de melon, poire, patate douce et pruneaux**
Suivez la recette de base, en ajoutant 80 g de pruneaux dénoyautés dans la centrifugeuse ou l'extracteur de jus.

**Jus de melon, pêche et patate douce**
Suivez la recette de base, en remplaçant les poires par 3 pêches dénoyautées.

Variantes

# Jus de courgette, betterave, chou vert et poire

Voir recette de base p. 72

**Jus de courgette, betterave, chou vert et orange**
Suivez la recette de base, en remplaçant les poires et le citron par 1 pomme et 1 orange.

**Jus de courgette, betterave, pamplemousse et poire**
Suivez la recette de base, en remplaçant le chou vert et le citron par 30 g de pousses d'épinards et 1 pamplemousse rose, pelé.

**Jus de courgette, betterave, cresson et poire**
Suivez la recette de base, en remplaçant le chou vert par 20 g de cresson et les poires par 280 g de rhubarbe.

**Jus de courgette, betterave, laitue et groseille à maquereau**
Suivez la recette de base, en remplaçant le chou vert par 150 g de feuilles de laitue et les poires par 150 g de groseilles à maquereau.

# Pour les enfants

Aucune raison de ne pas faire profiter les enfants des incroyables bienfaits des jus frais ! Encore faut-il leur donner envie, avec des jus savoureux et dont ils apprécient le goût. Et même, pourquoi pas… qui leur racontent une histoire !

# Crème façon tarte Tatin

Voir variantes p. 108

La consommation de pommes est associée à une réduction des risques de maladies coronariennes et cardiovasculaires. Des chercheurs finlandais qui ont étudié les habitudes alimentaires de 9208 hommes et femmes de plus de 28 ans ont prouvé que ceux qui mangeaient régulièrement des pommes avaient le plus faible risque de survenance de ces maladies. On associe ces bienfaits aux différents composés antioxydants des pommes, aux vertus anti-inflammatoires et qui aiderait l'organisme à diminuer le taux de cholestérol LDL. Les fibres des pommes permettent également de réguler le transit intestinal et de réduire le taux de cholestérol.

**2 pommes (fuji ou gala)**
**½ banane mûre mais ferme**
**1 yaourt brassé**
**4 c. à s. de lait entier**
**1 c. à s. de miel**
**¼ de c. à c. de cannelle en poudre + un peu pour la finition**
**1 c. à c. d'extrait de vanille liquide**

Passez les pommes à la centrifugeuse ou à l'extracteur de jus, puis versez leur jus dans le bol d'un blender. Ajoutez tous les autres ingrédients ainsi qu'une poignée de glaçons et actionnez jusqu'à obtention d'une préparation onctueuse. Versez dans des verres et parsemez d'une pincée de cannelle.

# Remontant du goûter choco-beurre de cacahuètes

Voir variantes p. 109

La banane est riche en vitamine B6, qui aide à protéger contre le diabète de type 2, participe à la santé du système nerveux et contribue à la production des globules blancs. Le fer qu'elle contient favorise l'oxygénation des cellules. Riche en potassium et pauvre en sel, elle réduit la pression artérielle et protège des maladies cardiaques et des AVC. Contenant de la pectine, la banane est un antiacide naturel : elle optimise la digestion et apaise les sensations de brûlures stomacales.

**2 pommes (fuji ou gala)**
**12,5 cl de lait entier**
**½ banane mûre mais ferme**
**1 c. à s. de beurre de cacahuètes crémeux**
**2 c. à c. de germes de blé**
**2 c. à c. de flocons d'avoine**
**1 c. à c. de cacao amer en poudre**
**½ c. à c. d'extrait de vanille liquide**

Passez les pommes à la centrifugeuse ou à l'extracteur de jus, puis versez ce jus dans le bol d'un blender. Ajoutez tous les autres ingrédients ainsi qu'une poignée de glaçons et actionnez jusqu'à obtention d'une préparation onctueuse.

# Jus façon tarte au potiron

Voir variantes p. 110

Le potiron est un légume peu calorique. Il est riche en minéraux, notamment le cuivre, le calcium, le potassium et le phosphore. Le potiron est particulièrement riche en fibres alimentaires, en antioxydants et en flavonoïdes, des composés naturels qui participent à la production de vitamine A dans l'organisme. Il ne contient pas de graisses saturées et sa consommation est souvent recommandée par les nutritionnistes dans le cadre d'un régime visant à réduire le taux de cholestérol. Le potiron est également une excellente source de zéaxanthine, un pigment naturel se fixant notamment sur la rétine et aidant à filtrer les ultraviolets. Il fournit ainsi une certaine protection contre la dégénérescence maculaire liée à l'âge (DMLA).

**1 pomme (fuji ou gala)**
**½ mangue pelée et dénoyautée**
**4 c. à s. de chair de potiron**
**½ banane mûre mais ferme**
**¼ de c. à c. de cannelle en poudre**
**1 pincée de noix muscade râpée**
**1 pincée de 4-épices**
**1 pincée de girofle en poudre**

Passez à la centrifugeuse ou à l'extracteur de jus la pomme et la mangue. Versez ce jus dans le bol d'un blender, ajoutez tous les autres ingrédients et une poignée de glaçons. Actionnez jusqu'à obtention d'une préparation onctueuse.

# Limonade pomme-raisin au gingembre

Voir variantes p. 111

Les enfants adorent généralement la saveur du jus de raisin, et ils ont bien raison, car celui-ci contient un puissant antioxydant jouant un rôle protecteur contre les maladies virales et infectieuses, les affections neuronales dégénératives, certains cancers ou encore la maladie d'Alzheimer. Les raisins sont une riche source de minéraux, notamment le cuivre, le fer et le manganèse. Ils contiennent des vitamines C, A et K, du bêta-carotène et des vitamines du groupe B.

**2 citrons**
**2 pommes (fuji ou gala)**
**8 grains de raisin noir**
**1 carotte moyenne**
**1 morceau de gingembre frais de 1 cm environ**
**4 c. à s. d'eau pétillante**

Pressez les citrons. Passez à la centrifugeuse ou à l'extracteur de jus les pommes, les grains de raisin, la carotte et le gingembre. Versez ces jus dans le bol d'un blender, ajoutez une poignée de glaçons et actionnez jusqu'à obtention d'une préparation onctueuse.

# Jus banane-cassis

Voir variantes p. 112

Le cassis est gorgé d'un puissant antioxydant, l'anthocyane, qui lui donne sa couleur caractéristique : les fruits très colorés sont toujours riches en nutriments ! Le cassis est aussi une vraie mine en vitamine C (il en contient trois fois plus que l'orange) et il peut prévenir les inflammations articulaires, les fatigues oculaires et les infections urinaires. Le fait de marier dans un même jus cassis et yaourt permet d'allier les vitamines de l'un au calcium de l'autre : l'idéal pour les enfants en pleine croissance !

**2 pommes (fuji ou gala)**
**100 g de cassis frais ou surgelé**
**1 petite banane mûre mais ferme**
**2 c. à s. de yaourt nature ou à la vanille**

Passez à la centrifugeuse ou à l'extracteur de jus les pommes et le cassis. Versez ces jus dans le bol d'un blender, ajoutez la banane et le yaourt, ainsi qu'une poignée de glaçons. Actionnez jusqu'à obtention d'une préparation onctueuse.

# Jus ananas-chocolat

Voir variantes p. 113

L'ananas est un fruit peu énergétique bien qu'assez sucré, riche en fibres bien tolérées et en vitamine C. Il ne contient pas de matières grasses, et on prétend parfois qu'il aide même à brûler les graisses de l'organisme : la broméline qu'il contient aurait en effet des vertus digestives et même amaigrissantes – et protégerait également des tendinites. Son manganèse est un élément constitutif des os et des tissus conjonctifs. Évidemment, les tranches d'ananas au sirop sont nettement plus caloriques que l'ananas frais...

**2 pommes (fuji ou gala)**
**¼ d'ananas**
**2 c. à c. de cacao amer en poudre**

Passez à la centrifugeuse ou à l'extracteur de jus les pommes et l'ananas. Versez ces jus dans le bol d'un blender, ajoutez le cacao et une poignée de glaçons et actionnez jusqu'à obtention d'une préparation onctueuse.

# Jus pomme-orange au kiwi et à la banane

Voir variantes p. 114

Les orangers sont les arbres fruitiers les plus cultivés dans le monde. Les oranges contiennent plus de 170 composés phytochimiques, dont une soixantaine de flavonoïdes différents. Les flavonoïdes sont réputés pour leurs effets antioxydants et anti-inflammatoires.

**2 petites oranges**
**1 kiwi**
**1 pomme (fuji ou gala)**
**1 banane mûre mais ferme**
**4 c. à s. de lait de coco ou de riz**
**½ c. à c. d'extrait de vanille liquide**

Pressez les oranges. Passez à la centrifugeuse ou à l'extracteur de jus le kiwi et la pomme. Versez ces jus dans le bol d'un blender, ajoutez la banane, le lait de coco ou de riz, l'extrait de vanille liquide et une poignée de glaçons et actionnez jusqu'à obtention d'une préparation bien onctueuse.

# Jus comme un gâteau de carottes

Voir variantes p. 115

Le babeurre est un composant naturel du lait : c'est le liquide résiduel produit lors de la fermentation lactique. À l'image du yaourt, il contient très peu de matières grasses, et il est ainsi particulièrement adapté à la préparation de desserts et de jus peu caloriques. Il est riche en de nombreux nutriments : du potassium, de la vitamine B12, du calcium... C'est aussi une excellente source de phosphore, et ceux qui souffrent de problèmes intestinaux ne doivent pas hésiter à en consommer : grâce à l'action des bactéries, il est beaucoup plus facile à digérer que le lait.

**1 pomme (fuji ou gala)**
**2 carottes moyennes**
**¼ d'ananas victoria**
**12,5 cl de babeurre**
**½ banane mûre mais ferme**
**1 c. à c. de protéines en poudre**
**1 c. à s. de flocons d'avoine**
**2 c. à c. de graines de lin en poudre**
**¼ de c. à c. de gingembre en poudre**
**¼ de c. à c. de cannelle en poudre**
**¼ de c. à c. de 4-épices**

Passez à la centrifugeuse ou à l'extracteur de jus la pomme, les carottes et l'ananas victoria. Versez ces jus dans le bol d'un blender, ajoutez tous les autres ingrédients et une poignée de glaçons et actionnez jusqu'à obtention d'une préparation onctueuse.

# Jus mousseux coco-choco aux graines de chia

Voir variantes p. 116

Les graines de chia sont l'une des plantes les plus riches en acides gras oméga-3, notamment en acides alpha-linoléniques. Elles ont des propriétés anti-inflammatoires, elles favorisent le mécanisme de la cognition et réduisent le taux de mauvais cholestérol dans le sang. Les antioxydants qu'elles contiennent protègent des radicaux libres, en retardant les effets du vieillissement et même en amenuisant le risque de survenance de certains cancers. Parmi les minéraux qu'elles contiennent, on compte notamment le phosphore, le magnésium et le manganèse, bénéfique sur la tension artérielle. À la différence des graines de lin, les graines de chia ne nécessitent pas d'être réduites en poudre pour bénéficier de leurs bienfaits nutritifs.

**20 cl de lait de coco**
**1 c. à s. de graines de chia**
**20 cl de lait d'amande**
**1 c. à s. de cacao amer en poudre**
**2 c. à c. de noix de coco râpée**
**1 c. à c. d'huile de noix de coco**
**1 c. à c. de protéines en poudre**
**½ banane mûre mais ferme**
**½ c. à c. d'extrait de vanille liquide**

Mêlez dans le bol d'un blender le lait de coco et les graines de chia. Laissez gonfler 30 min.

Ajoutez une poignée de glaçons et tous les autres ingrédients et actionnez jusqu'à obtention d'une préparation onctueuse.

# Crème de pêche

Voir variantes p. 117

Malgré son intitulé, cette recette ne contient pas de crème, mais la texture soyeuse fait parfaitement illusion : elle provient du babeurre (riche en protéines, mais quasiment dénué de matières grasses), mais aussi de la banane et surtout des pêches elles-mêmes. Les pêches contiennent du potassium, qui joue un rôle déterminant pour la constitution des membranes des cellules, mais aussi du fluor et du fer.

**3 pêches bien mûres, dénoyautées**
**15 cl de babeurre**
**½ banane mûre mais ferme**
**1 c. à c. de miel**

Passez les pêches à la centrifugeuse ou à l'extracteur de jus, puis versez leur jus dans le bol d'un blender. Ajoutez le babeurre, la banane et le miel, ainsi qu'une poignée de glaçons. Actionnez jusqu'à obtention d'une préparation onctueuse.

# Saveur d'Istanbul

Voir variantes p. 118

Outre leur incroyable saveur, les dattes ont de nombreux effets positifs sur la santé. Elles sont notamment gorgées de fibres, facilitant le transit intestinal et favorisant l'assimilation des nutriments. En améliorant la qualité du flux sanguin, les fibres jouent également un rôle dans la santé du cœur. Les dattes sont aussi riches en magnésium, connu pour son action anti-inflammatoire : il contribue à réduire les effets de l'arthrite ou de la maladie d'Alzheimer.

**75 g de dattes dénoyautées**
**2 pommes (fuji ou gala)**
**125 g de yaourt à la grecque**
**1 c. à c. de poudre de protéines**
**1 c. à s. de graines de lin en poudre**
**1 c. à c. d'extrait de vanille liquide**
**1/4 de c. à c. de cannelle en poudre**
**1/2 c. à c. de poudre de lucuma**

Mettez les dattes dans une casserole, ajoutez 12,5 cl d'eau et portez à frémissements. Laissez cuire à feu doux, 5 min, en mélangeant régulièrement. Retirez du feu et laissez refroidir.

Passez les pommes à la centrifugeuse ou à l'extracteur de jus, puis versez ce jus dans le bol d'un blender. Ajoutez la compotée de dattes, le yaourt, la poudre de protéines, les graines de lin, l'extrait de vanille liquide, la cannelle et la poudre de lucuma, ainsi qu'une poignée de glaçons. Actionnez jusqu'à obtention d'une préparation onctueuse.

# Jus pêche-papaye

Voir variantes p. 119

Les papayes sont une excellente source de vitamine A, essentielle à la vue et qui joue un rôle dans le maintien des muqueuses et de la peau en bonne santé. Leurs propriétés antioxydantes aident à protéger l'organisme des radicaux libres, le préservant de nombreuses maladies et du vieillissement. Manger des fruits riches en bêta-carotène, tels que les papayes, protège notamment des cancers de la peau, du poumon et de la bouche. Les papayes sont riches en vitamines du groupe B tels que l'acide folique, les vitamines B1 et B6 et la riboflavine.

**1 pomme (fuji ou gala)**
**1 poire**
**1 pêche dénoyautée**
**½ papaye, pelée et épépinée**
**1 cm de gingembre frais, pelé et râpé**
**2 feuilles de menthe**

Passez tous les fruits à la centrifugeuse ou à l'extracteur de jus, puis versez leur jus dans le bol d'un blender. Ajoutez le gingembre et la menthe, ainsi qu'une poignée de glaçons. Actionnez jusqu'à obtention d'une préparation onctueuse.

Variantes

# Crème façon tarte Tatin

Voir recette de base p. 89

**Crème façon tarte Tatin aux graines de lin**
Suivez la recette de base, en ajoutant 2 c. à c. de graines de lin dans le blender, en même temps que la banane.

**Crème façon tarte Tatin à la mûre**
Suivez la recette de base, en ajoutant 50 g de mûres dans le blender, en même temps que la banane.

**Crème façon tarte Tatin à la poudre de lucuma**
Suivez la recette de base, en ajoutant 1 c. à c. de poudre de lucuma dans le blender.

**Crème façon tarte Tatin à la framboise**
Suivez la recette de base, en remplaçant le yaourt et le lait par 12 cl de lait de coco, de lait d'amande ou de lait de riz. Ajoutez 40 g de framboises dans le blender, en même temps que la banane.

Variantes

# Remontant du goûter choco-beurre de cacahuètes

Voir recette de base p. 90

**Remontant du goûter choco-beurre d'amandes**
Suivez la recette de base, en remplaçant le beurre de cacahuètes par du beurre d'amandes.

**Remontant du goûter choco-beurre de cacahuètes à l'avocat**
Suivez la recette de base, en remplaçant la banane par ½ avocat, pelé.

**Remontant du goûter choco-beurre de cacahuètes, sans gluten**
Suivez la recette de base, en remplaçant les germes de blé par 1 c. à c. de graines de lin et 1 c. à c. de protéines en poudre.

**Remontant du goûter choco-beurre de cacahuètes, sans produit laitier**
Suivez la recette de base, en remplaçant le lait par du lait de coco, du lait d'amande ou du lait de riz.

Variantes

# Jus façon tarte au potiron

Voir recette de base p. 93

**Jus façon tarte au potiron et aux noix**
Suivez la recette de base, en ajoutant dans le blender 25 g de cerneaux de noix finement hachés.

**Jus façon tarte au potiron et aux graines de lin**
Suivez la recette de base, en ajoutant dans le blender 1 c. à c. de graines de lin et 1 c. à c. de protéines en poudre.

**Jus façon tarte au potiron et à l'ananas**
Suivez la recette de base, en remplaçant la pomme par 1/4 d'ananas.

**Jus façon tarte au potiron, à la pêche et au gingembre**
Suivez la recette de base, en remplaçant la pomme par 2 pêches dénoyautées. Remplacez également le 4-épices et la muscade par 1/4 de c. à c. de gingembre en poudre.

Variantes

# Limonade pomme-raisin au gingembre

Voir recette de base p. 94

**Limonade pomme-raisin au gingembre et au cassis**
Suivez la recette de base, en ajoutant 35 g de cassis dans la centrifugeuse ou l'extracteur de jus.

**Jus chaud pomme-raisin au gingembre et au miel**
Suivez la recette de base, en ajoutant 1 c. à c. de miel et en faisant rapidement chauffer le jus, dans une petite casserole (ne laissez pas bouillir). Supprimez l'eau pétillante. Servez chaud.

**Limonade pomme-raisin au gingembre et à la myrtille**
Suivez la recette de base, en remplaçant les grains de raisin par 50 g de myrtilles.

**Limonade pomme-raisin au gingembre et à l'ananas**
Suivez la recette de base, en remplaçant les pommes par ¼ d'ananas.

Variantes

# Jus banane-cassis

Voir recette de base p. 96

**Jus banane-cassis au cacao**
Suivez la recette de base, en ajoutant 2 c. à c. de cacao amer en poudre et 1 c. à c. d'extrait de vanille liquide dans le blender, en même temps que les autres ingrédients.

**Jus banane-cassis à l'ananas**
Suivez la recette de base, en ajoutant 1/4 d'ananas dans la centrifugeuse ou l'extracteur de jus.

**Jus banane-cassis aux épinards et au beurre de cacahuètes**
Suivez la recette de base, en ajoutant 30 g d'épinards dans la centrifugeuse ou l'extracteur de jus. Ajoutez également 1 c. à s. de beurre de cacahuètes dans le blender.

**Jus banane-cassis, sans produit laitier**
Suivez la recette de base, en remplaçant le yaourt par 12 cl de lait de coco. Pour accentuer la saveur, ajoutez également 1 c. à c. d'huile de noix de coco.

Variantes

# Jus ananas-chocolat

Voir recette de base p. 97

**Jus ananas-cacao à la cerise**
Suivez la recette de base, en ajoutant 120 g de cerises dénoyautées dans la centrifugeuse ou l'extracteur de jus.

**Jus ananas-chocolat à la betterave**
Suivez la recette de base, en ajoutant 1 petite betterave crue dans la centrifugeuse ou l'extracteur de jus.

**Jus ananas-chocolat au fruit de la Passion**
Suivez la recette de base, en ajoutant dans le blender le contenu de 2 fruits de la Passion.

**Jus ananas-chocolat à l'orange**
Suivez la recette de base, en ajoutant 1 orange moyenne, pelée, dans la centrifugeuse ou l'extracteur de jus.

Variantes

# Jus pomme-orange au kiwi et à la banane

Voir recette de base p. 99

**Jus pomme-orange au fruit de la Passion et à la banane**
Suivez la recette de base, en remplaçant le kiwi par la pulpe de 2 fruits de la Passion.

**Jus pomme-orange au concombre et à l'avocat**
Suivez la recette de base, en supprimant le kiwi et la banane. Ajoutez ¼ de concombre dans la centrifugeuse ou l'extracteur de jus, puis ½ avocat pelé et dénoyauté, dans le blender.

**Jus pomme-orange à la prunes et à la banane**
Suivez la recette de base, en remplaçant les oranges et le kiwi par 1 petit pamplemousse rose et 2 prunes dénoyautées.

**Jus pomme-betteraves au raisin et à la banane**
Suivez la recette de base, en supprimant l'orange. Ajoutez dans la centrifugeuse ou l'extracteur de jus 1 petite betterave crue et 40 g de grains de raisin.

Variantes

# Jus comme un gâteau de carottes

Voir recette de base p. 100

**Jus comme un gâteau de carottes, au potiron et aux noix**
Suivez la recette de base, en remplaçant la banane par 90 g de chair de potiron. Ajoutez également 1 c. à s. de poudre de noix dans le blender.

**Jus comme un gâteau de carottes à la patate douce**
Suivez la recette de base, en ajoutant ½ patate douce (non pelée) dans la centrifugeuse ou l'extracteur de jus.

**Jus comme un gâteau de carottes à la vanille**
Suivez la recette de base, en remplaçant le gingembre et le 4-épices par 1 c. à c. d'extrait de vanille liquide.

**Jus comme un gâteau coco-carottes, sans produit laitier**
Suivez la recette de base, en remplaçant le babeurre par 12 cl de lait de coco et les flocons d'avoine par 1 c. à s. de noix de coco râpée.

Variantes

# Jus mousseux coco-choco aux graines de chia

Voir recette de base p. 103

**Jus mousseux coco-choco aux graines de chia et à l'ananas**
Suivez la recette de base, en ajoutant 20 cl de jus d'ananas fraîchement pressé.

**Jus mousseux coco-choco vitaminé aux graines de chia**
Passez 1 orange moyenne pelée et 1 petite carotte dans une centrifugeuse ou un extracteur de jus. Suivez la recette de base, en ajoutant ce jus dans le blender.

**Jus mousseux coco-choco aux graines de chia et à la figue**
Suivez la recette de base, en ajoutant 15 cl de jus de figues fraîchement pressé.

**Jus mousseux choco-prunes aux graines de chia et aux amandes**
Passez 2 prunes dénoyautées dans une centrifugeuse ou un extracteur de jus. Suivez la recette de base, en ajoutant ce jus et en remplaçant la noix de coco râpée par 1 c. à s. de poudre d'amandes.

Variantes

# Crème de pêche

Voir recette de base p. 104

**Crème de pêche à la vanille et à la poudre de lucuma**
Suivez la recette de base, en ajoutant 1 c. à c. d'extrait de vanille liquide et 1 c. à c. de poudre de lucuma dans le blender.

**Crème de pêche à la framboise**
Suivez la recette de base, en ajoutant 70 g de framboises dans le blender.

**Crème de pêche aux graines de lin et aux flocons d'avoine**
Suivez la recette de base, en ajoutant 1 c. à s. de graines de lin et 1 c. à s. de flocons d'avoine dans le blender. Mixez suffisamment longtemps pour obtenir une préparation bien fluide.

**Crème de pêche à la noix de coco, sans produit laitier**
Suivez la recette de base, en remplaçant le babeurre par 15 cl de lait de coco. Ajoutez dans le blender 2 c. à s. de noix de coco râpée.

Variantes

# Saveur d'Istanbul

Voir recette de base p. 106

**Saveur d'Istanbul à l'ananas**
Suivez la recette de base, en ajoutant ¼ d'ananas dans la centrifugeuse ou l'extracteur de jus.

**Saveur d'Istanbul à la carotte**
Suivez la recette de base, en ajoutant 1 grosse carotte dans la centrifugeuse ou l'extracteur de jus.

**Saveur d'Istanbul à la figue**
Suivez la recette de base, en ajoutant 2 figues dans la centrifugeuse ou l'extracteur de jus.

**Saveur d'Istanbul aux noix de macadamia, sans produit laitier**
Suivez la recette de base, en remplaçant le yaourt par 12 cl de lait d'amande et la poudre de protéines par 1 c. à s. de noix de macadamia concassées.

Variantes

# Jus pêche-papaye

Voir recette de base p. 107

**Jus pêche-papaye aux épinards**
Suivez la recette de base, en ajoutant 30 g de pousses d'épinards dans la centrifugeuse ou l'extracteur de jus.

**Jus pêche-papaye aux pruneaux**
Suivez la recette de base, en ajoutant dans le blender 40 g de pruneaux dénoyautés.

**Jus pêche-papaye à la carotte et à l'orange**
Suivez la recette de base, en supprimant la poire et les feuilles de menthe. Ajoutez dans la centrifugeuse ou l'extracteur de jus 1 petite carotte et 1 petite orange pelée.

**Jus pêche-papaye à l'ananas**
Suivez la recette de base, en supprimant la poire et les feuilles de menthe. Ajoutez 1/4 d'ananas dans la centrifugeuse ou l'extracteur de jus.

# Tout fruit

Si malgré tout vous ne vous sentez pas d'humeur à avaler un jus à base de légumes, ne vous privez pas pour autant d'un grand verre de vitamines pures, obtenu avec les meilleurs fruits du moment. Quelle que soit la saison, il y a de quoi faire !

# Spécial banane-fruits rouges

Voir variantes p. 141

Manger des fruits rouges de façon régulière peut améliorer ou prévenir ce qu'on appelle le « syndrome métabolique » : il s'agit d'une combinaison de diabète, d'hypertension artérielle et d'obésité, multipliant significativement, chez les personnes porteuses des trois affections, les risques d'accident vasculaire-cérébral, de dépression et de cancers. Les fruits rouges sont riches en antioxydants, ils préservent la santé du cœur et contribuent à diminuer la tension artérielle. Les myrtilles contiennent une substance « brûle-graisses » aux vertus amaigrissantes, agissant particulièrement sur les graisses de la ceinture abdominale.

**2 pommes (fuji, gala)**
**1 orange**
**1 banane mûre mais ferme**
**70 g de fraises équeutées**
**50 g de myrtilles**
**40 g de framboises**

Passez les pommes à la centrifugeuse ou à l'extracteur de jus, pressez l'orange. Versez ces jus dans le bol d'un blender, ajoutez la banane et tous les fruits rouges. Ajoutez une poignée de glaçons et actionnez jusqu'à obtention d'une préparation onctueuse.

# Jus de pomme, poire et prune

Voir variantes p. 142

Les prunes contiennent de nombreux minéraux, notamment du potassium, du fluor ou du fer, nécessaires à la formation des cellules. Ils favorisent également la circulation sanguine et la santé du cœur. Elles sont riches en vitamine A, essentielles pour les yeux et une bonne vision. Elles contiennent également des vitamines B, notamment de la niacine et de la vitamine B6.

**2 pommes (fuji ou gala)**
**1 poire**
**2 prunes dénoyautées**

Passez tous les fruits à la centrifugeuse ou à l'extracteur de jus ou à l'extracteur de jus, servez sur de la glace pilée.

# Jus de pêche, poire et ananas

Voir variantes p. 143

Un cocktail de fruits simple mais parfait, à la texture douce et veloutée. Inclure des fruits dans votre alimentation est une excellente manière de contrôler votre faim et, sur la durée, de perdre du poids. Le sucre naturel des pêches est constitué de fructose, à l'indice glycémique bas : il ne provoque pas de bonds d'insuline dans le sang.

**2 pêches dénoyautées**
**2 poires**
**¼ d'ananas victoria**
**1 c. à s. de graines de lin en poudre**

Passez les pêches, les poires et l'ananas à la centrifugeuse ou à l'extracteur de jus, puis versez leur jus dans le bol d'un blender. Ajoutez les graines de lin en poudre et une poignée de glaçons et actionnez jusqu'à obtention d'une préparation onctueuse.

# Jus de fraise, raisin et orange

Voir variantes p. 144

Il est possible de presser les oranges avec un presse-agrumes, en les coupant d'abord en deux, mais aussi avec une centrifugeuse : pelez-les, puis coupez-les en 4 avant de les mettre dans l'appareil. On conseille le plus souvent d'ôter au maximum les parties blanches situées sous le zeste, car elles apportent un goût amer, mais elles contiennent également des flavonoïdes, un puissant antioxydant.

**2 oranges moyennes**
**10 raisins rouges**
**200 g de fraises équeutées**

Pressez les oranges. Passez les raisins et les fraises à la centrifugeuse ou à l'extracteur de jus. Versez ces jus dans le bol d'un blender, ajoutez une poignée de glaçons et actionnez jusqu'à obtention d'une préparation onctueuse.

# Jus apaisant banane-goji à la lavande

Voir variantes p. 145

La lavande n'est pas juste une fleur de Provence : c'est aussi une herbe aromatique, connue pour ses vertus apaisantes. On l'utilise ainsi pour minimiser l'anxiété ou réduire les crises d'insomnie et les dépressions légères. L'huile de lavande est réputée pour ses effets calmants et myorelaxants (décontractant musculaire). Les feuilles, impérativement non traitées, peuvent être utilisées aussi bien que l'huile essentielle, mais toujours en très petites quantités, car leur parfum surpasse rapidement celui des autres ingrédients.

**1 banane**
**25 cl d'eau de coco**
**3 c. à s. de baies de goji**
**75 g de myrtilles surgelées**
**1 c. à c. de fleurs de lavande séchées**

Coupez la banane en rondelles, placez-les au congélateur 1 h. Pendant ce temps, mélangez dans le bol d'un blender l'eau de coco et les baies de goji et laissez macérer 30 min.

Ajoutez dans le blender les rondelles de banane et les myrtilles, actionnez jusqu'à obtention d'une préparation onctueuse. Parsemez des fleurs de lavande, juste avant de servir.

# Jus pêche-groseille

Voir variantes p. 146

Tous les fruits rouges, y compris les groseilles, sont gorgés de nutriments bénéfiques pour la peau. Les groseilles sont ainsi riches en vitamine du groupe B et en vitamine C, un puissant antioxydant limitant l'effet des radicaux libres et les dommages occasionnés aux cellules. Ces vitamines aident à la régénération de la peau et favorisent la guérison des dommages causés par les rayons ultraviolets. Les fruits rouges sont également riches en fer, essentiel à la formation des globules rouges.

**1 pomme (fuji ou gala)**
**50 g de groseilles**
**2 pêches dénoyautées**
**75 g de myrtilles**
**75 g de mûres**
**1 c. à s. de miel (facultatif)**

Passez tous les fruits à la centrifugeuse ou à l'extracteur de jus. Versez le jus dans le bol d'un blender, ajoutez une poignée de glaçons et le miel si vous le souhaitez. Actionnez jusqu'à obtention d'une préparation onctueuse.

# Jus d'abricot, mangue et açaï

Voir variantes p. 147

Les baies d'açaï sont les fruits d'un palmier d'Amazonie, de couleur pourpre à violacée. Elles sont aussi riches en antioxydants que les canneberges, les framboises ou les myrtilles. On les consomme sous forme de jus ou de poudre. Elles contiennent des nutriments qui abaissent naturellement le taux de cholestérol, ainsi que des stérols végétaux, qui améliorent la circulation sanguine en aidant à prévenir les caillots sanguins.

**15 cl de jus de baies d'açaï**
**4 abricots mûrs mais fermes, dénoyautés et coupés en quatre**
**½ mangue dénoyautée, pelée et coupée en cubes**

Mettez tous les ingrédients dans le bol d'un blender. Ajoutez une poignée de glaçons et actionnez jusqu'à obtention d'une préparation onctueuse.

# Jus d'orange, fraise et papaye

Voir variantes p. 148

Avec son incroyable parfum et sa saveur douce, si fondante en bouche qu'on croirait du beurre, il n'est pas étonnant que la papaye fut appelée « fruit des anges » par Christophe Colomb lorsque celui-ci la goûta pour la première fois... Comme l'ananas, elle est pauvre en calorie, ne contient pas de cholestérol et contient des nutriments « brûle-graisse ». C'est une importante source de vitamines et minéraux.

**1 belle orange**
**½ citron vert**
**½ papaye pelée, épépinée et coupée en cubes**
**¼ d'ananas victoria**
**200 de fraises équeutées**
**1 c. à s. de graines de lin en poudre**
**½ c. à c. d'extrait de vanille liquide**
**½ c. à c. de poudre de maca**

Pressez l'orange et le citron vert. Passez à la centrifugeuse ou à l'extracteur de jus la papaye et l'ananas. Versez ces jus dans le bol d'un blender, ajoutez les fraises, les graines de lin, l'extrait de vanille liquide et la poudre de maca. Ajoutez une poignée de glaçons et actionnez jusqu'à obtention d'une préparation onctueuse.

# Jus de pomme glacé, ananas et fruits rouges

Voir variantes p. 149

Les personnes qui souffrent d'arthrite boivent du jus d'ananas pour soulager leurs douleurs : l'ananas contient en effet de la broméline, une enzyme qui pourrait avoir des propriétés anti-inflammatoires. Son action est notamment mesurable sur le pancréas, dont il régule l'activité, en contribuant à la qualité de la digestion. Par son action sur les protéines (elle les divise spontanément en acides aminés : une sorte de prédigestion), la broméline facilite également le transit intestinal et réduit les sensations de ballonnements. C'est enfin cette enzyme qui joue un rôle dans l'attendrissement des viandes, lors d'une marinade au jus d'ananas.

**1 pomme (fuji ou gala)**
**1 pêche dénoyautée**
**1/4 d'ananas victoria**
**125 g de cerises dénoyautées**
**70 g de framboises**
**100 g de fraises équeutées**

Passez à la centrifugeuse ou à l'extracteur de jus la pomme, la pêche, l'ananas et les cerises. Versez ce jus dans le bol d'un blender, ajoutez les framboises, les fraises et une poignée de glaçons et actionnez jusqu'à obtention d'une préparation onctueuse.

# Jus pétillant des îles

Voir variantes p. 150

Comme tous les agrumes, les citrons verts contiennent des limonoïdes, des composés phytochimiques aux propriétés antivirales, antifongiques et antibactériennes. Les limonoïdes joueraient également un rôle dans la prévention de certains cancers (du côlon, de l'estomac, du sang). Ils sont responsables de la saveur amère des agrumes. Ne fuyez donc plus les pamplemousses et autres cédrats : ils sont bons pour vous !

**2 oranges moyennes**
**1 citron vert**
**½ ananas**
**¼ de mangue, pelée et dénoyautée**
**Eau gazeuse**

Pressez les oranges et le citron vert. Passez l'ananas et la mangue à la centrifugeuse ou à l'extracteur de jus. Agitez ces jus dans un shaker. Versez dans un verre, ajoutez quelques glaçons et complétez avec de l'eau gazeuse.

# Jus de pêche, prune et abricot

Voir variantes p. 151

L'abricotier est un arbre de la famille des rosacées, tout comme le cerisier, le pêcher, le prunier, l'amandier… Malgré sa saveur sucrée, l'abricot est pauvre en calories : seulement 45 kcal/100 g. Sa couleur orangée, indéfectible preuve de sa teneur en antioxydants, lui vient d'une exceptionnelle richesse en bêta-carotène, lui conférant des vertus protectrices contre le cancer et les maladies cardiaques. Il est également riche en vitamines C et du groupe B.

**2 pêches mûres mais fermes, dénoyautées et coupées en cubes**
**2 prunes dénoyautées**
**1/4 d'ananas victoria**
**2 abricots bien mûrs, dénoyautés**
**4 c. à s. d'eau de coco**
**1/4 de c. à c. de stévia (facultatif)**
**Zeste de citron vert râpé**

Passez les pêches, les prunes et l'ananas à la centrifugeuse ou à l'extracteur de jus. Versez ces jus dans le bol d'un blender, ajoutez les abricots, l'eau de coco, la stévia si vous le souhaitez et une poignée de glaçons. Actionnez jusqu'à obtention d'une préparation onctueuse. Versez dans des verres, parsemez de zeste de citron vert.

Variantes

# Spécial banane-fruits rouges

Voir recette de base p. 121

**Spécial banane-fruits rouges aux épinards**
Suivez la recette de base, en ajoutant 1 poignée d'épinards dans la centrifugeuse ou l'extracteur de jus.

**Spécial banane-fruits rouges à la betterave**
Suivez la recette de base, en ajoutant 1 petite betterave crue dans la centrifugeuse ou l'extracteur de jus.

**Spécial banane-fruits rouges à la prune**
Suivez la recette de base, en ajoutant 2 prunes dénoyautées et coupés en morceaux dans la centrifugeuse ou l'extracteur de jus.

**Spécial banane-fruits rouges à la cerise**
Suivez la recette de base, en remplaçant l'orange par 225 g de cerises dénoyautées. Ajoutez-les directement dans la centrifugeuse ou l'extracteur de jus.

Variantes

# Jus de pomme, poire et prune

Voir recette de base p. 122

**Jus de pomme, poire et prune à la groseille et au yaourt**
Suivez la recette de base, en ajoutant 40 g de groseilles dans la centrifugeuse ou l'extracteur de jus. Puis versez dans le bol d'un blender le jus obtenu, ajoutez 2 c. à s. de yaourt brassé et actionnez jusqu'à obtention d'une préparation onctueuse.

**Jus de pomme, poire et prune à la figue**
Suivez la recette de base, en ajoutant 2 figues fraîches dans la centrifugeuse ou l'extracteur de jus.

**Jus de pomme, poire et prune au kiwi et à l'alfalfa**
Suivez la recette de base, en ajoutant 2 kiwis pelés et 30 g d'alfalfa (germes de luzerne) dans la centrifugeuse ou l'extracteur de jus.

**Jus de pomme, poire et prune à la mangue**
Suivez la recette de base, puis versez le jus obtenu dans le bol d'un blender. Ajoutez ½ mangue dénoyautée et pelée ainsi qu'une poignée de glaçons et actionnez jusqu'à obtention d'une préparation onctueuse.

Variantes

# Jus de pêche, poire et ananas

Voir recette de base p. 125

**Jus de pêche, poire et ananas au cassis**
Suivez la recette de base, en ajoutant 50 g de cassis dans la centrifugeuse ou l'extracteur de jus.

**Smoothie pêche, poire et ananas**
Suivez la recette de base, en ajoutant dans le blender 1 banane mûre mais ferme et 1 yaourt brassé.

**Jus de pêche, poire et ananas à la cerise**
Suivez la recette de base, en ajoutant 125 g de cerises dénoyautées dans la centrifugeuse ou l'extracteur de jus.

**Jus de pêche, poire et ananas à la papaye**
Suivez la recette de base, en ajoutant dans le blender ½ papaye pelée et épépinée et 1 c. à s. de flocons d'avoine.

**Jus de pêche, poire et ananas à l'orange**
Suivez la recette de base, en ajoutant 1 orange pelée dans la centrifugeuse ou l'extracteur de jus.

Variantes

# Jus de fraise, raisin et orange

Voir recette de base p. 126

**Jus de fraise, raisin et orange à la canneberge**
Suivez la recette de base, en ajoutant 70 g de canneberges dans la centrifugeuse ou l'extracteur de jus.

**Jus de fraise, raisin et pamplemousse**
Suivez la recette de base, en remplaçant l'orange par 1 pamplemousse rose.

**Jus de fraise, raisin et citron vert**
Suivez la recette de base, en remplaçant l'orange par 1 citron vert. Dans le blender, ajoutez ½ banane, pour corriger l'acidité.

**Smoothie fraise, raisin et orange**
Suivez la recette de base, en ajoutant dans le blender 1 banane et 1 boule de crème glacée à la fraise

**Jus de fraise, raisin et orange à la cerise et à la poudre de maca**
Suivez la recette de base, en ajoutant 125 g de cerises dénoyautées dans la centrifugeuse ou l'extracteur de jus. Dans le blender, ajoutez 1 c. à c. de poudre de maca.

Variantes

# Jus apaisant banane-goji à la lavande

Voir recette de base p. 129

**Jus apaisant banane-goji à la lavande et au yaourt**
Suivez la recette de base, en remplaçant l'eau de coco par 10 cl de lait entier et 1 yaourt brassé.

**Jus apaisant banane-goji à la lavande et à la noix de coco**
Suivez la recette de base, en remplaçant l'eau de coco par la même quantité de lait de coco. Ajoutez dans le blender 2 c. à s. de noix de coco râpée.

**Jus apaisant banane-goji à la framboise et au cacao**
Suivez la recette de base, en remplaçant l'eau de coco et la lavande par 20 cl de lait de coco, 75 g de framboises fraîches ou surgelées et 1 c. à s. de cacao amer en poudre.

**Jus apaisant banane-goji à la lavande et à la mûre**
Suivez la recette de base, en remplaçant les myrtilles par des mûres.

Variantes

# Jus pêche-groseille

Voir recette de base p. 130

**Jus pêche-groseille à la figue**
Suivez la recette de base, en ajoutant 2 figues dans la centrifugeuse ou l'extracteur de jus.

**Jus pêche-groseille à la prune**
Suivez la recette de base, en ajoutant 2 prunes dénoyautées dans la centrifugeuse ou l'extracteur de jus.

**Jus pêche-groseille à l'ananas**
Suivez la recette de base, en ajoutant ¼ d'ananas frais, coupé en morceaux, dans la centrifugeuse ou l'extracteur de jus.

**Jus pêche-groseille à l'abricot et au yaourt**
Suivez la recette de base, en ajoutant 2 abricots dans la centrifugeuse ou l'extracteur de jus. Ajoutez également 2 c. à s. de yaourt brassé dans le blender.

Variantes

# Jus d'abricot, mangue et açaï

Voir recette de base p. 133

**Jus d'abricot, mangue et açaï à la cerise et au cassis**
Passez dans une centrifugeuse ou un extracteur de jus 4 abricots dénoyautés, 120 g de cerises dénoyautées et 25 g de cassis. Versez dans le bol d'un blender et ajoutez la mangue et le jus de baies d'açaï avant de mixer.

**Jus d'abricot, mangue et pruneaux**
Suivez la recette de base, en remplaçant le jus de baies d'açaï par le jus de 100 g de pruneaux et 2 pêches dénoyautés (passez-les ensemble dans une centrifugeuse ou un extracteur de jus).

**Jus de canneberge, cerise et mangue à la myrtille**
Suivez la recette de base, en supprimant le jus de baies d'açaï et les abricots. Passez à la centrifugeuse ou à l'extracteur de jus 70 g de canneberges, 120 g de cerises dénoyautées et 40 g de myrtilles, puis mixez-les avec la mangue et les glaçons, au blender.

**Jus d'abricot, mangue et açaï à la mûre et aux graines de lin**
Suivez la recette de base, en ajoutant 75 g de mûres et 1 c. à s. de graines de lin, dans le blender.

Variantes

# Jus d'orange, fraise et papaye

Voir recette de base p. 134

**Jus d'orange, fraise et papaye à l'avocat**
Suivez la recette de base, en ajoutant ½ avocat pelé et dénoyauté dans le blender.

**Jus d'orange, fraise et dattes**
Suivez la recette de base, en supprimant la papaye. Mettez 75 g de dattes dénoyautées et concassées dans une casserole, ajoutez 12 cl d'eau et faites compoter 10 min à feu doux. Laissez refroidir, puis ajoutez cette pâte dans le blender, en même temps que les fraises.

**Smoothie orange, fraise et papaye**
Suivez la recette de base, en supprimant la papaye et le citron vert. Ajoutez dans le blender 1 banane et le jus de ½ citron.

**Jus d'orange, fraise et pamplemousse à la figue**
Suivez la recette de base, en supprimant la papaye et le citron vert. Ajoutez 2 figues et ½ pamplemousse pelé dans la centrifugeuse ou l'extracteur de jus.

Variantes

# Jus de pomme glacé, ananas et fruits rouges

Voir recette de base p. 137

**Jus de pomme glacé, ananas et fruits rouges à la spiruline**
Suivez la recette de base, en ajoutant 1 c. à c. de spiruline dans le blender.

**Jus de poire glacé, ananas et fruits rouges**
Suivez la recette de base, en remplaçant la pomme par une belle poire juteuse. Ajoutez 1 c. à c. de poudre de maca dans le blender.

**Jus de pomme glacé, ananas et fruits rouges à la prune**
Suivez la recette de base, en ajoutant 2 prunes dénoyautées dans la centrifugeuse ou l'extracteur de jus.

**Jus de pomme glacé, ananas et fruits rouges à la mûre**
Suivez la recette de base, en remplaçant les fraises par 75 g de mûres.

Variantes

# Jus pétillant des îles

Voir recette de base p. 138

**Jus pétillant des îles au citron**
Suivez la recette de base, en remplaçant les oranges par 2 beaux citrons. Rectifiez légèrement l'acidité avec un peu de sirop d'agave si vous le souhaitez.

**Jus pétillant des îles au gingembre**
Suivez la recette de base, en ajoutant dans la centrifugeuse ou l'extracteur de jus 1 morceau de gingembre frais de 1 cm environ, simplement pelé.

**Jus tonique des îles**
Suivez la recette de base, en remplaçant l'eau gazeuse par du tonic (par exemple, du Schweppes).

**Jus pétillant des îles au pamplemousse et à la papaye**
Suivez la recette de base, en remplaçant la mangue et le citron vert par 1 pamplemousse pelé et ½ papaye pelée et épépinée. Ajoutez-les directement dans la centrifugeuse ou l'extracteur de jus, avec l'ananas.

**Jus pétillant des îles à la prune**
Suivez la recette de base, en supprimant le citron vert. Ajoutez dans la centrifugeuse ou l'extracteur de jus 3 à 4 prunes dénoyautées, en même temps que l'ananas.

Variantes

# Jus de pêche, prune et abricot

Voir recette de base p. 140

**Jus de pêche, prune et abricot au kumquat**
Suivez la recette de base, en ajoutant 4 kumquats dans la centrifugeuse ou l'extracteur de jus.

**Jus de pêche, prune et abricot au kiwi et au yaourt**
Suivez la recette de base, en supprimant l'eau de coco. Ajoutez 2 kiwis pelés dans la centrifugeuse ou l'extracteur de jus. Ajoutez enfin 1 yaourt brassé dans le blender.

**Jus de pêche, prune et abricot à la noix de coco**
Suivez la recette de base, en remplaçant l'eau de coco par du lait de coco. Ajoutez également dans le blender 1 c. à s. de noix de coco râpée et, idéalement, 1 c. à c. d'huile de noix de coco.

**Jus de pêche, prune et abricot à l'alfalfa**
Suivez la recette de base, en ajoutant 30 g d'alfalfa (luzerne germée) dans le blender. L'alfalfa se fait pousser en deux à trois jours à peine, dans un germoir adapté ou simplement dans une assiette creuse sur une feuille de papier absorbant humidifiée, toujours à l'abri de la lumière.

# Jus verts detox

À base de fruits et de légumes verts, ces jus lumineux ont une couleur intense, à la hauteur de leurs qualités nutritionnelles. Fluides, sirupeux ou mousseux, ils purifient et détoxifient l'organisme. Pour un maximum de 3 jours, consommez-en un au petit-déjeuner et 2 à 3 autres au cours de la journée : une véritable cure de jouvence !

# Martini à la pomme verte

Voir variantes p. 173

Le kiwi est l'un des fruits les plus riches en vitamines, particulièrement en vitamine C : un seul kiwi en contient en effet deux fois plus qu'une orange. Le kiwi contient également autant de potassium qu'une banane et il est riche en vitamine E, ce qui est rare pour les produits pauvres en lipides. Enfin, il est source de vitamine K, cuivre, zinc et manganèse.

**60 g de raisin vert**
**1 kiwi**

Passez le raisin vert et le kiwi à la centrifugeuse ou à l'extracteur de jus. Versez ce jus dans un verre, sur 2 à 3 glaçons. Mélangez, servez immédiatement.

# Jus épinards-kale

Voir variantes p. 174

Le kale est un légume de la famille des crucifères, comme le chou et le brocoli. Il présente une exceptionnelle richesse nutritionnelle, et c'est ainsi une véritable mine d'antioxydants, aux précieuses propriétés anti-inflammatoires et anticancéreuses. Les antioxydants sont nécessaires au métabolisme pour l'oxygénation du sang et la lutte contre les inflammations et infections, contribuant ainsi à la prévention de certains cancers.

**1 pomme granny-smith**
**15 g de pousses d'épinards**
**70 g de kale**
**1 branche de céleri**
**1/4 de concombre**
**1/2 citron**

Placez dans cet ordre, dans l'orifice d'entrée de la centrifugeuse ou de l'extracteur de jus, la pomme coupée en quatre, les pousses d'épinards, le kale, le céleri émincé et le concombre. Actionnez l'appareil en poussant ces ingrédients au fur et à mesure.

Pressez le citron, mélangez-le avec le jus précédent. Versez dans des verres, sur des glaçons.

# Jus pomme-laitue à l'herbe d'orge

Voir variantes p. 175

On glisse souvent de l'herbe d'orge dans les jus detox, pour profiter de son exceptionnelle richesse en vitamines et minéraux. Il serait également plus facile à digérer que l'herbe de blé – très en vogue ces derniers temps. Pour l'obtenir, on fait germer des graines d'orge, qu'on mixe au bout de 3 à 7 jours de germination, en fonction de la saveur souhaitée. On le trouve très facilement sous forme de poudre : il est alors très facile à utiliser, en l'ajoutant simplement dans le jus en cours de préparation. À condition de bien refermer le conditionnement à chaque fois, il se conserve de longues semaines, à l'abri de l'humidité.

**1 pomme granny-smith**
**75 g de feuilles de laitue romaine**
**1/4 d'ananas victoria**
**1/4 de concombre**
**1 branche de céleri**
**1/4 de citron**
**1/4 de mangue dénoyautée, pelée et coupée en cubes**
**1 c. à c. d'herbe d'orge en poudre**

Passez à la centrifugeuse ou à l'extracteur de jus la pomme, la laitue, l'ananas, le concombre et le citron. Versez ces jus dans le bol d'un blender, ajoutez la mangue et l'orge, ainsi qu'une poignée de glaçons. Actionnez jusqu'à obtention d'une préparation onctueuse.

# Jus vert à l'eau de coco

Voir variantes p. 176

Ne confondez pas la noix de coco fraîche et la noix de coco sèche : cette dernière est couverte de fibres marron, alors que la noix de coco fraîche est vert clair, car entourée de sa bogue. L'eau de coco, qu'elle contient, est rafraîchissante et très peu calorique : fluide et quasiment incolore, elle est riche en potassium et ne contient quasiment pas de matières grasses, contrairement au lait de coco (qui est blanc et opaque, produit à partir de la pulpe de noix de coco). Suivant la taille et la fraîcheur de la noix de coco fraîche, vous y trouverez entre 10 et 20 cl d'eau de coco.

**1 noix de coco fraîche (pour environ 12,5 cl d'eau de coco)**
**2 poires**
**70 g de kale**
**1 grosse poignée de coriandre fraîche**
**¼ de citron vert**
**½ bâton de citronnelle**

Ouvrez précautionneusement la noix de coco fraîche, puis récupérez l'eau qu'elle contient. Filtrez-la au chinois pour éliminer les fibres résiduelles.

Passez à la centrifugeuse ou à l'extracteur de jus les poires, le kale, la coriandre, le citron vert et la citronnelle. Mélangez avec l'eau de coco, ajoutez quelques glaçons et servez immédiatement.

# Jus de brocoli aux épinards et au poivron vert

Voir variantes p. 177

Tous les poivrons sont peu caloriques et gorgés de nutriments, mais ils ne contiennent pas les mêmes antioxydants, suivant leur couleur : c'est pourquoi il est toujours intéressant, dans une recette, de mêler des poivrons rouges, oranges, jaunes et verts. Avec ses 14 kcal/100 g, le poivron vert est le moins calorique de tous, mais c'est le poivron rouge qui contient le plus de vitamine C.

**2 pommes granny-smith**
**160 g de fleurettes de brocoli**
**60 g de pousses d'épinard**
**½ poivron vert**
**½ citron vert**

Passez tous les ingrédients à la centrifugeuse ou à l'extracteur de jus. Versez sur des glaçons.

# Jus de jeunes pousses, pêche et abricot

Voir variantes p. 178

Prise en décoction, la coriandre est traditionnellement utilisée contre les insomnies au Moyen-Orient. Elle est également connue pour être diurétique. Fraîche, elle est peu calorique et exceptionnellement riche en potassium. En graines, elle est au contraire très énergétique (290 kcal/100 g), mais les quantités minimes utilisées rendent ses apports nutritionnels négligeables. La coriandre est riche en vitamines A, K et C, ainsi qu'en plusieurs vitamines du groupe B.

**1 pomme (fuji ou gala)**
**150 g de feuilles de laitue**
**60 g de blettes**
**1 poire**
**1 pêche dénoyautée**
**1 abricot dénoyauté**
**½ tomate**
**¼ de branche de céleri**
**1 morceau de concombre de 2,5 cm**
**1 belle botte de coriandre**
**10 g de roquette**
**10 g de cresson**
**¼ d'avocat**
**2 c. à c. de graines de lin en poudre**
**1 c. à c. de poudre de maca**
**1 c. à c. de poudre de lucuma**
**1 c. à c. de poudre de protéines**

Passez à la centrifugeuse ou à l'extracteur de jus la pomme, les feuilles de laitue, les blettes, la poire, la pêche, l'abricot, la tomate, le céleri et le concombre. Versez ces jus dans le bol d'un blender, ajoutez le reste des ingrédients et une poignée de glaçons. Actionnez jusqu'à obtention d'une préparation onctueuse.

# Jus vert orange-kiwi

Voir variantes p. 179

Le kiwi est l'un des fruits les plus riches en vitamine B6, essentielle au bon fonctionnement du système immunitaire. C'est également une vitamine importante pour le développement du fœtus au cours de la grossesse, ainsi que pour la qualité de l'allaitement. L'acide folique qu'il contient protège aussi des maladies de cœur et de certains cancers.

**1 orange**
**1 kiwi**
**1 poire**
**15 g de pousses d'épinards**
**4 c. à s. d'eau de coco**
**½ avocat dénoyauté et pelé**

Pressez l'orange. Passez le kiwi, la poire et les pousses d'épinards à la centrifugeuse ou à l'extracteur de jus, puis versez ces jus dans le bol d'un blender. Ajoutez l'eau de coco, l'avocat et une poignée de glaçons et actionnez jusqu'à obtention d'une préparation onctueuse.

# Jus vert brocoli-pêche

Voir variantes p. 180

Le citron possède des propriétés antibactériennes, ce pour quoi on l'incorpore souvent aux décoctions chaudes servies aux personnes souffrant de rhumes. Mais des études tendent à trouver également son efficacité sur des maladies aussi diverses que la malaria, le choléra, la diphtérie et la fièvre typhoïde ! On vante encore son effet détoxifiant, notamment sur le foie.

**2 pommes granny-smith**
**1 pêche dénoyautée**
**160 g de fleurettes de brocoli**
**2 branches de céleri**
**¼ de concombre**
**½ citron pelé**

Passez tous les ingrédients à la centrifugeuse ou à l'extracteur de jus, puis servez sur des glaçons.

# Jus vert céleri-orange

Voir variantes p. 181

Le céleri-rave est issu de la même plante que le céleri branche, même si les cultivars utilisés ne sont pas les mêmes. Il apporte une saveur légèrement noisetée et une texture soyeuse, même centrifugé à cru. Riche en potassium, il a des vertus diurétiques. Il facilite également la digestion et participe au bon fonctionnement du système immunitaire.

**1 poire**
**150 g de céleri-rave coupé en cubes**
**60 g de chou vert ou de chou chinois**
**1/4 de courgette**
**1 petite carotte**
**1 cm de gingembre frais**
**1/2 orange**
**1/4 de citron vert**

Passez à la centrifugeuse ou à l'extracteur de jus la poire, le céleri-rave, la courgette, la carotte et le gingembre. Pressez l'orange et le citron vert. Versez ces jus dans un shaker, mélangez, puis versez dans un verre.

# Jus de pomme verte, ananas et asperge

Voir variantes p. 182

L'asperge contient 92 % d'eau, ceci expliquant son faible pouvoir calorique : à peine plus de 20 kcal/100 g. Elle contient presque autant de protéine que de glucides, et pas du tout de lipides. Les pointes sont riches en vitamine C, mais les tiges en sont, bizarrement, totalement dépourvues. L'asperge verte est diurétique et dépurative, notamment du fait de sa teneur en potassium, mais aussi grâce à ses fibres. C'est le légume frais le plus riche en vitamine B9, également riche en vitamine K et bonne source en fer.

**3 pommes granny-smith**
**10 asperges vertes**
**1 poire**
**¼ d'ananas**
**¼ d'avocat dénoyauté et pelé**

Passez à la centrifugeuse ou à l'extracteur de jus les pommes, les asperges, la poire et l'ananas. Versez ce jus dans le bol d'un blender, ajoutez l'avocat et une poignée de glaçons et actionnez jusqu'à obtention d'une préparation onctueuse.

# Jus de cresson, concombre et carotte

Voir variantes p. 183

Une étude britannique a pu déterminer que la consommation de cresson avait de spectaculaires effets sur la peau, notamment celle du visage. Peu calorique (20 kcal pour 100 g), le cresson est riche en vitamine C, surtout servi cru, mais aussi en vitamines A et K et en manganèse. Le cresson dit « de fontaine » (le plus courant) est cultivé dans des bassins spécifiques, dans une eau renouvelée et contrôlée. Méfiez-vous du cresson sauvage, parfois vendu sur les marchés, car il peut alors être porteur d'un parasite, la douve, qui provoque de graves maladies du foie.

**2 pommes granny-smith**
**1/4 d'ananas**
**1/4 de concombre**
**1 carotte**
**1/2 citron pelé**
**40 g de cresson**

Passez à la centrifugeuse ou à l'extracteur de jus les pommes, l'ananas, le concombre, la carotte et le citron. Versez ces jus dans le bol d'un blender, ajoutez le cresson et une poignée de glaçons et actionnez jusqu'à obtention d'une préparation onctueuse.

# Jus vert kiwi, épinards et cresson

Voir variantes p. 184

Pauvre en glucides, mais très riche en lipides, l'avocat est exceptionnellement calorique : comptez 155 kcal/100 g, soit près de 300 kcal pour un seul avocat... À noter cependant : ces lipides sont majoritairement constitués d'acides gras insaturés, réputés bons pour la circulation et faisant baisser le taux de mauvais cholestérol, réduisant le risque de diabète et de maladies coronariennes. L'avocat est riche en potassium et en magnésium, ainsi qu'en vitamines K, C et E.

**2 pommes granny-smith**
**2 kiwis**
**30 g de pousses d'épinards**
**¼ d'ananas**
**1 morceau de concombre de 5 cm**
**¼ de citron vert**
**20 g de cresson**
**¼ d'avocat**
**1 c. à c. de poudre de spiruline ou de lucuma**

Passez à la centrifugeuse ou à l'extracteur de jus les pommes, les kiwis, les pousses d'épinards, l'ananas et le concombre. Pressez le citron vert. Versez ces jus dans le bol d'un blender, ajoutez le cresson, l'avocat et la spiruline ou le lucuma. Ajoutez une poignée de glaçons et actionnez jusqu'à obtention d'une préparation onctueuse.

# Jus vert romaine, poire, orange et carotte

Voir variantes p. 185

Les poires sont une excellente source de cuivre, de phosphore et de potassium. Elles contiennent également du calcium, du chlore, du fer, du magnésium et du soufre. Leur importante teneur en pectine aide à réduire le taux de cholestérol. Elles ont également un effet diurétique et même laxatif : leur consommation régulière participe à une bonne régulation du transit intestinal. Leur richesse en fructose en fait également un aliment hautement énergétique, idéal pour l'alimentation des sportifs.

**150 g de feuilles de salade romaine**
**2 belles carottes**
**1/4 de concombre**
**1 poire**
**2 oranges**
**1/4 de citron vert**
**1/4 d'avocat**
**1 c. à c. de poudre de spiruline ou de lucuma**

Passez à la centrifugeuse ou à l'extracteur de jus les feuilles de romaine, les carottes, le concombre et la poire. Pressez les oranges et le citron vert. Versez ces jus dans le bol d'un blender, ajoutez l'avocat ou la spiruline ou le lucuma. Ajoutez une poignée de glaçons et actionnez jusqu'à obtention d'une préparation onctueuse.

Variantes

# Martini à la pomme verte

Voir recette de base p. 153

**Martini à la pomme verte et au céleri**
Suivez la recette de base, en remplaçant le concombre par ½ branche de céleri.

**Martini à la pomme verte et au brocoli**
Suivez la recette de base, en remplaçant le concombre par 1 branche de brocoli.

**Martini à la pomme verte et au citron vert**
Suivez la recette de base, en remplaçant le concombre par ½ citron vert.

**Martini à la pomme verte comme à Moscou**
Suivez la recette de base, en ajoutant 2 c. à s. de vodka.

Variantes

# Jus épinards-kale

Voir recette de base p. 154

**Jus épinards-raisin vert**

Suivez la recette de base, en remplaçant le kale par 120 g de grains de raisin vert. Versez le jus obtenu dans le bol d'un blender, ajoutez 2 c. à s. de yaourt et une poignée de glaçons et actionnez jusqu'à obtention d'une préparation onctueuse.

**Jus épinards-poivron vert**

Suivez la recette de base, en remplaçant le kale par ½ poivron vert.

**Jus épinards-persil plat**

Suivez la recette de base, en remplaçant le kale par 1 belle botte de persil plat.

**Jus épinards-kale au gingembre**

Suivez la recette de base, en ajoutant 1 morceau de gingembre de 1 cm environ dans la centrifugeuse ou l'extracteur de jus.

Variantes

# Jus pomme-laitue à l'herbe d'orge

Voir recette de base p. 157

**Jus pomme-laitue à l'herbe d'orge et au brocoli**
Suivez la recette de base, en ajoutant 2 branches de brocoli dans la centrifugeuse ou l'extracteur de jus.

**Jus pomme-laitue à l'herbe d'orge et aux épinards**
Suivez la recette de base, en ajoutant 30 g d'épinards dans la centrifugeuse ou l'extracteur de jus.

**Jus pomme-laitue à l'herbe d'orge et à l'asperge**
Suivez la recette de base, en ajoutant 4 pointes d'asperges dans la centrifugeuse ou l'extracteur de jus.

**Jus pomme-laitue à l'herbe d'orge et au persil plat**
Suivez la recette de base, en ajoutant 1 bouquet de persil plat dans la centrifugeuse ou l'extracteur de jus.

Variantes

# Jus vert à l'eau de coco

Voir recette de base p. 158

**Jus vert à l'eau de coco, à la pomme et à la menthe**
Suivez la recette de base, en remplaçant les poires par 2 pommes vertes. Ajoutez également 4 belles feuilles de menthe dans la centrifugeuse ou l'extracteur de jus.

**Jus vert au lait de coco**
Suivez la recette de base, en remplaçant l'eau de coco par 20 cl de lait de coco.

**Jus vert à l'eau de coco, au céleri et au basilic**
Suivez la recette de base, en remplaçant la coriandre par 1 branche de céleri et 6 belles feuilles de basilic frais.

**Jus vert à l'eau de coco et au poivron vert**
Suivez la recette de base, en ajoutant ½ poivron vert dans la centrifugeuse ou l'extracteur de jus.

Variantes

# Jus de brocoli aux épinards et au poivron vert

Voir recette de base p. 159

**Jus de brocoli aux épinards, à la poire et à la betterave**
Suivez la recette de base, en remplaçant une pomme et le poivron vert par 1 petite betterave et 2 poires.

**Jus de brocoli aux épinards, à la carotte et au raisin**
Suivez la recette de base, en remplaçant une pomme et le poivron vert par 1 petite carotte et 60 g de raisin vert.

**Jus de brocoli aux épinards et à l'asperge verte**
Suivez la recette de base, en remplaçant le poivron vert par 6 pointes d'asperges vertes.

**Jus de brocoli aux épinards, à l'ananas et à l'avocat**
Suivez la recette de base, en remplaçant 1 pomme par 100 g de chair d'ananas frais. Versez le jus obtenu dans le bol d'un blender, ajoutez 2 c. à s. de yaourt brassé, 1/4 d'avocat pelé et dénoyauté et une poignée de glaçons. Actionnez jusqu'à obtention d'une préparation bien onctueuse.

Variantes

# Jus de jeunes pousses, pêche et abricot

Voir recette de base p. 160

**Jus de jeunes pousses, pêche et abricot aux haricots verts et au pissenlit**
Suivez la recette de base, en remplaçant les blettes et la coriandre par 8 haricots verts et une poignée de pissenlit. Ajoutez-les dans la centrifugeuse ou l'extracteur de jus.

**Jus de jeunes pousses, pêche et abricot à la betterave et au basilic**
Suivez la recette de base, en remplaçant les blettes et la coriandre par 1 petite betterave crue et une dizaine de feuilles de basilic.

**Jus de jeunes pousses, pêche et abricot au kiwi**
Suivez la recette de base, en remplaçant les blettes et la coriandre par 1 kiwi, pelé.

**Jus de jeunes pousses, pêche et abricot à la pastèque**
Suivez la recette de base, en supprimant la coriandre et l'avocat. Dans le blender, ajoutez 100 g de chair de pastèque et ½ banane mûre mais ferme.

Variantes

# Jus vert orange-kiwi

Voir recette de base p. 163

### Jus vert citron-kiwi au gingembre

Suivez la recette de base, en remplaçant l'orange par 2 citrons jaunes. Dans la centrifugeuse ou l'extracteur de jus, ajoutez 1 morceau de gingembre frais de 1 cm environ.

### Jus vert orange-kiwi à la banane

Suivez la recette de base, en remplaçant l'avocat par 1 pomme et ½ banane mûre mais ferme.

### Jus vert citron vert-kiwi à la carotte et au persil

Suivez la recette de base, en remplaçant l'orange par 1 citron vert. Ajoutez 1 carotte et 1 botte de persil plat dans la centrifugeuse ou l'extracteur de jus.

### Jus vert pamplemousse-kiwi à la mangue

Suivez la recette de base, en remplaçant l'orange par ½ pamplemousse. Dans la centrifugeuse ou l'extracteur de jus, ajoutez ¼ de mangue, dénoyautée et pelée.

Variantes

# Jus vert brocoli-pêche

Voir recette de base p. 164

**Jus vert brocoli-pêche au gingembre**
Suivez la recette de base, en ajoutant dans la centrifugeuse ou l'extracteur de jus 1 morceau de gingembre frais de 1 cm environ.

**Jus vert brocoli-pêche à la poire et au citron vert**
Suivez la recette de base, en remplaçant le céleri, le concombre et le citron par 1 petite betterave crue, 1 poire et 1 citron vert.

**Jus vert brocoli-pêche à la carotte**
Suivez la recette de base, en ajoutant 1 carotte dans la centrifugeuse ou l'extracteur de jus.

**Jus vert brocoli-pêche à l'asperge**
Suivez la recette de base, en remplaçant simplement le céleri par 8 asperges vertes.

Variantes

# Jus vert céleri-orange

Voir recette de base p. 167

**Jus vert céleri-orange à la figue**
Suivez la recette de base, en ajoutant deux figues dans la centrifugeuse ou l'extracteur de jus.

**Jus vert céleri-pamplemousse**
Suivez la recette de base, en remplaçant l'orange par ¼ de pamplemousse.

**Jus vert céleri-orange au kiwi**
Suivez la recette de base, en remplaçant la carotte par 1 kiwi, pelé.

**Jus vert céleri-orange à la betterave**
Suivez la recette de base, en remplaçant la carotte par 1 petite betterave crue.

Variantes

# Jus de pomme verte, ananas et asperge

Voir recette de base p. 168

**Jus de pomme verte, ananas et cerise**
Suivez la recette de base, en remplaçant les asperges par 120 g de cerises dénoyautées.

**Jus de pomme verte, ananas et kiwi**
Suivez la recette de base, en remplaçant les asperges par 1 kiwi pelé.

**Jus de pomme verte, ananas et fruits rouges**
Suivez la recette de base, en supprimant les asperges et l'avocat. Dans le blender, ajoutez 300 g de fruits rouges surgelés et 2 c. à s. de yaourt brassé. Actionnez jusqu'à obtention d'une préparation onctueuse.

**Jus de pomme verte, ananas et fraise**
Suivez la recette de base, en remplaçant les asperges par 200 g de fraises équeutées.

Variantes

# Jus de cresson, concombre et carotte

Voir recette de base p. 169

**Jus de cresson, concombre et carotte à l'avocat**
Suivez la recette de base, en ajoutant dans le blender 1/4 d'avocat pelé.

**Jus de cresson, concombre et carotte au brocoli**
Suivez la recette de base, en ajoutant 1 fleurette de brocoli dans la centrifugeuse ou l'extracteur de jus.

**Jus de cresson, concombre et carotte au kiwi**
Suivez la recette de base, en ajoutant 1 kiwi pelé dans la centrifugeuse ou l'extracteur de jus.

**Smoothie cresson, concombre et carotte**
Suivez la recette de base, en ajoutant dans le blender 1/2 banane mûre mais ferme et 2 c. à s. de yaourt brassé.

Variantes

# Jus vert kiwi, épinards et cresson

Voir recette de base p. 171

**Jus vert kiwi, épinards et cresson au brocoli**
Suivez la recette de base, en ajoutant 2 belles fleurettes de brocoli dans la centrifugeuse ou l'extracteur de jus.

**Jus vert kiwi, épinards et cresson à la coriandre**
Suivez la recette de base, en ajoutant 1 belle botte de coriandre ciselée dans la centrifugeuse ou l'extracteur de jus.

**Jus vert kiwi, épinards et cresson à la pêche**
Suivez la recette de base, en ajoutant 1 pêche dénoyautée dans la centrifugeuse ou l'extracteur de jus.

**Jus vert kiwi, épinards et cresson aux flocons d'avoine et au beurre de cacahuètes**
Suivez la recette de base, en ajoutant dans le blender 1 c. à c. de flocons d'avoine et 1 c. à s. de beurre de cacahuètes.

Variantes

# Jus vert romaine, poire, orange et carotte

Voir recette de base p. 172

**Jus vert romaine, pomme et concombre**
Suivez la recette de base, en supprimant les carottes, la poire, l'avocat et une des oranges. Dans la centrifugeuse ou l'extracteur de jus, ajoutez 2 pommes granny-smith. Dans le blender, ajoutez ½ banane mûre mais ferme, en même temps que les glaçons.

**Jus vert romaine, poire, orange et carotte à la coriandre**
Suivez la recette de base, en ajoutant 1 belle botte de coriandre dans la centrifugeuse ou l'extracteur de jus.

**Jus vert romaine, poire, orange et carotte au melon**
Suivez la recette de base, en remplaçant le concombre par la chair d'un petit melon, pelé et épépiné.

**Jus vert romaine, poire, orange et carotte à l'abricot**
Suivez la recette de base, en ajoutant 2 abricots dénoyautés dans la centrifugeuse ou l'extracteur de jus.

# Smoothies

Il y a le temps des jus frais bien clairs et limpides, mais on a parfois aussi envie d'un jus plus épais, avec une texture douce, soyeuse et réconfortante : un smoothie, quoi ! L'ajout de produits laitiers, de laits végétaux ou de certains fruits (banane, abricots...) apporte naturellement le Graal...

# Smoothie banane, fraise et épinards

Voir variantes p. 206

Les fraises apportent de belles proportions d'acide folique, manganèse et potassium. Elles sont également riches en vitamines et minéraux, ainsi qu'en flavonoïdes, qui jouent un rôle antioxydant. Depuis toujours, la consommation de fraises a été recommandée pour ses effets positifs sur le système digestif, la santé bucco-dentaire ou la qualité de la peau. Le fructose et les fibres qu'elles contiennent en font un parfait aliment coupe-faim. Enfin, 100 g de fraises apportent la quantité journalière idéale de vitamine C.

**30 g de pousses d'épinards**
**1 pomme (fuji ou gala)**
**200 g de fraises équeutées**
**1 banane mûre mais ferme**
**5 c. à s. de yaourt brassé**

Passez les pousses d'épinards et la pomme à la centrifugeuse ou à l'extracteur de jus. Versez ce jus dans le bol d'un blender, ajoutez les fraises, la banane et le yaourt, ainsi qu'une poignée de glaçons. Actionnez jusqu'à obtention d'une préparation onctueuse.

# Smoothie aux fruits rouges façon superfood

Voir variantes p. 207

Avec sa structure chimique proche de la caféine, le guarana est réputé pour ses effets énergisants. Mais à la différence de la caféine, dont l'effet « coup de fouet » est fugace, le guarana est exploité progressivement par l'organisme, lui apportant de l'énergie sur une plus longue durée. Il stimule directement le système nerveux central, permettant de combattre la fatigue et d'accroître l'attention.

**250 g de fruits rouges frais ou surgelés**
**3 c. à s. de flocons d'avoine**
**140 g de kale**
**25 cl de jus d'orange**
**1 c. à c. de guarana en poudre**

Mêlez tous les ingrédients dans le bol d'un blender, actionnez jusqu'à obtention d'une préparation onctueuse. Si vous utilisez des fruits rouges frais, ajoutez une poignée de glaçons et actionnez encore quelques secondes.

# Smoothie revitalisant

Voir variantes p. 208

Grâce à ses propriétés antibactériennes, le cassis est précieux pour son rôle sur la santé des voies urinaires. Les antioxydants qu'il contient protègent de certains cancers et retardent les effets du vieillissement. Le cassis aurait également des effets positifs sur la mémoire et il renforce la santé des dents et du squelette.

**100 g de fraises équeutées**
**75 g de myrtilles**
**50 g de cassis**
**1 banane**
**12,5 cl d'eau de coco**
**125 g de yaourt à la grecque**
**1 c. à s. de graines de lin en poudre**
**1 c. à s. de sirop d'érable**
**1 c. à c. de poudre de spiruline ou de lucuma**
**½ c. à c. de cannelle en poudre**

Mêlez tous les ingrédients dans le bol d'un blender, ajoutez une poignée de glaçons et actionnez jusqu'à obtention d'une préparation onctueuse.

# Smoothie mûre-mangue au miel

Voir variantes p. 209

Riches en fibres, les mûres favorisent la digestion, mais une trop grande consommation peut entraîner des troubles intestinaux. Elles sont également riches en vitamine B2, impliquée dans la bonne santé musculaire, et une bonne source en vitamine C et bêta-carotène. Ses flavonoïdes en font l'un des fruits les plus riches en antioxydants.

**150 g de mûres**
**¼ de mangue, pelée et dénoyautée**
**¼ de banane, mûre mais ferme**
**1 c. à c. de miel**
**225 g de yaourt brassé**
**12,5 cl d'eau de coco**

Mêlez tous les ingrédients dans le bol d'un blender, ajoutez une poignée de glaçons et actionnez jusqu'à obtention d'une préparation onctueuse.

# Smoothie abricot-amande au psyllium

Voir variantes p. 210

Le psyllium est constitué d'une graine mucilagineuse, originaire d'Inde et d'Iran, utilisée par la médecine traditionnelle de nombreuses peuplades anciennes. Les graines sont parfois consommées entières, mais l'importation se fait aujourd'hui majoritairement sous la forme de poudre, mieux tolérée par l'organisme. Le psyllium a des vertus laxatives et dépuratives, qui peuvent être associées à un traitement de l'obésité, du syndrome du côlon irritable ou des hémorroïdes. Consommez-le avec modération, car ses effets peuvent être puissants.

**2 pommes (fuji ou gala)**
**4 abricots dénoyautés**
**1 pêche dénoyautée**
**1/4 d'ananas victoria**
**1/4 de citron vert**
**1/4 de concombre**
**4 c. à s. de lait d'amandes**
**1 c. à c. de psyllium blond en poudre**

Passez à la centrifugeuse ou à l'extracteur de jus les pommes, les abricots, la pêche et l'ananas. Pressez le citron vert. Versez ces jus dans le bol d'un blender, ajoutez les autres ingrédients, ainsi qu'une poignée de glaçons. Actionnez jusqu'à obtention d'une préparation onctueuse.

# Café glacé banane-ananas

Voir variantes p. 211

Le yaourt est une véritable mine de santé : dans ce petit pot blanc, se cache une véritable usine à transformer le lait en un condensé de nutriments essentiels pour le corps. Le processus de fermentation qui a été mené sur les protéines de lait leur permet d'être parfaitement assimilées par le système digestif, en enrichissant naturellement la flore intestinale. Le calcium qu'il contient est ainsi d'autant mieux assimilé. Le yaourt est également gorgé de potassium, phosphore, riboflavine, iode, zinc et vitamine B5, ainsi qu'en vitamine B12, indispensable à l'organisme et qu'on ne trouve que dans les aliments d'origine animale.

**2 pommes (fuji ou gala)**
**1/4 d'ananas**
**1/2 banane mûre mais ferme**
**4 c. à s. de yaourt brassé**
**4 c. à c. de sirop d'érable**
**2 c. à c. de café soluble**

Passez à la centrifugeuse ou à l'extracteur de jus les pommes et l'ananas. Versez ces jus dans le bol d'un blender, ajoutez la banane, le yaourt, le sirop d'érable et le café soluble, ainsi qu'une poignée de glaçons. Actionnez jusqu'à obtention d'une préparation onctueuse.

# Smoothie banane-épinards au beurre de cacahuètes

Voir variantes p. 212

Le lait de riz est un lait végétal fabriqué à base de riz brun. Sa saveur légèrement sucrée résulte de son processus de fabrication, au cours duquel les enzymes naturels du riz décomposent le glucose en molécules de sucres. Le lait de riz contient ainsi davantage de glucides que le lait de vache, mais peu de calcium ou de protéines. Comme il ne contient pas de lactose, il est prisé par les allergiques au lait de vache. Les végétariens le consomment également. Le lait de riz du commerce est souvent enrichi en vitamines et en minéraux, notamment du calcium, des vitamines B3 et B12 et du fer.

**25 cl de lait de riz**
**2 c. à s. de beurre de cacahuètes**
**2 c. à s. de graines de lin en poudre**
**60 g de pousses d'épinards**
**1 banane mûre mais ferme**

Mêlez tous les ingrédients dans le bol d'un blender, ajoutez une poignée de glaçons et actionnez jusqu'à obtention d'une préparation onctueuse.

# Smoothie bananamaca à la myrtille

Voir variantes p. 213

Les myrtilles sont l'un des fruits les plus riches en pro-anthocyanidine, un composé phytochimique de la famille des flavonoïdes qui réduit le taux de radicaux libres dans l'organisme. Elles sont gorgées de vitamines C et E, de riboflavine, de niacine et d'acide folique. Certaines études suggèrent que les myrtilles peuvent améliorer les fonctions motrices et la mémoire, et même inverser la baisse de ces fonctions liée à l'âge.

**300 g de myrtilles**
**2 pommes (fuji ou gala)**
**1 poire**
**½ banane mûre mais ferme**
**¼ d'avocat pelé et dénoyauté**
**1 c. à c. de poudre de maca**

Passez à la centrifugeuse ou à l'extracteur de jus les myrtilles, les pommes et la poire. Versez ce jus dans le bol d'un blender, ajoutez la banane, l'avocat et la poudre de maca, ainsi qu'une poignée de glaçons. Actionnez jusqu'à obtention d'une préparation onctueuse.

# Smoothie grenade, figue, mûre et noix de coco

Voir variantes p. 214

La grenade est riche en composés phytochimiques, notamment des polyphénols (tanins, anthocyanes, quercétine...), qui favorisent le système cardiovasculaire et protègent naturellement du cancer. Les anthocyanes ont des propriétés anti-inflammatoires, antivirales et antimicrobiennes. La grenade contient ainsi davantage d'antioxydants que le thé vert, ce qui est exceptionnel. Fruit peu calorique bien qu'assez sucré, la grenade est aussi riche en fibres, mais aussi en vitamines C et du groupe B.

**2 grenades**
**300 g de mûres**
**6 figues mûres mais fermes**
**10 cl de lait de coco**

Coupez les grenades en quatre, puis retournez les quartiers de peau pour faire tomber les capsules. Retirez délicatement toutes les petites peaux blanches, car elles ont une saveur amère.

Passez les graines de grenade et les mûres à la centrifugeuse ou à l'extracteur de jus. Versez ce jus dans le bol d'un blender, ajoutez le lait de coco et une poignée de glaçons et actionnez jusqu'à obtention d'une préparation onctueuse.

# Smoothie potiron, prune et orange

Voir variantes p. 215

Les prunes, comme les fraises et la plupart des fruits rouges, contiennent des composés antioxydants qui protègent du cancer et des dommages cellulaires. Les prunes sont peu caloriques, avec un indice glycémique bas : leur consommation peut aider à contrôler le taux de sucre dans le sang et réduire le risque de diabète de type 2. Les prunes contiennent également du sorbitol (un sucre complexe). Spécifiquement, les quetsches contiennent de l'isatine, un composé organique responsable de leur couleur bleue. Ces éléments participent à la régulation du système digestif.

**2 prunes dénoyautées**
**1 belle orange pelée**
**2 c. à s. de chair de potiron**
**2 c. à s. de yaourt brassé**
**1 c. à c. de sirop d'érable**
**½ c. à c. d'extrait de vanille liquide**
**¼ de cannelle en poudre**
**1 pincée de gingembre en poudre**
**1 pincée de noix muscade râpée**

Passez les prunes et l'orange à la centrifugeuse ou à l'extracteur de jus. Versez ce jus dans le bol d'un blender, ajoutez tous les autres ingrédients et une poignée de glaçons et actionnez jusqu'à obtention d'une préparation onctueuse.

# Smoothie pomme-framboise aux graines de lin

Voir variantes p. 216

La framboise est le fruit qui contient le plus d'acide ellagique, un antioxydant qui contribuerait à protéger de certains cancers. Elle est très riche en fibres, mais on ne la consomme généralement pas en quantités suffisantes pour que cet apport soit signifiant pour l'organisme.

**2 pommes (fuji ou gala)**
**130 g de framboises**
**½ banane mûre mais ferme**
**10 cl de lait d'amandes**
**2 c. à c. de purée d'amande bio**
**2 c. à c. de graines de lin en poudre**

Passez les pommes à la centrifugeuse ou à l'extracteur de jus. Versez ce jus dans le bol d'un blender, ajoutez les autres ingrédients et une poignée de glaçons. Actionnez jusqu'à obtention d'une préparation onctueuse.

# Smoothie banane-figue au lait d'amandes

Voir variantes p. 217

Bien que la figue soit un fruit très sucré, elle n'est pas aussi calorique qu'on pourrait le croire. Elle est riche en calcium, potassium, manganèse et antioxydants. Du fait de leur teneur en glucides, mais également en lipides (majoritairement des acides gras mono-insaturés), les figues séchées sont des bombes caloriques, mais elles sont excessivement riches en fibres (18 g aux 100 g !), et elles facilitent le transit intestinal, de la même manière que les pruneaux.

**4 figues**
**1 pomme (fuji ou gala)**
**1 banane mûre mais ferme**
**20 cl de lait d'amandes**
**1 c. à c. d'extrait de vanille liquide**

Passez les figues et la pomme à la centrifugeuse ou à l'extracteur de jus. Versez ce jus dans le bol d'un blender, ajoutez les autres ingrédients et une poignée de glaçons et actionnez jusqu'à obtention d'une préparation onctueuse.

Variantes

# Smoothie banane, fraise et épinards

Voir recette de base p. 187

**Smoothie banane, fraise et épinards au cacao**
Suivez la recette de base, en ajoutant 2 c. à c. de cacao amer en poudre dans le blender.

**Smoothie banane, fraise et épinards à l'ananas**
Suivez la recette de base, en remplaçant la pomme par 100 g de chair d'ananas frais.

**Smoothie banane, fraise et épinards à la prune**
Suivez la recette de base, en remplaçant la pomme par 3 prunes dénoyautées.

**Smoothie banane, fraise et épinards à la figue**
Suivez la recette de base, en ajoutant 2 figues dans la centrifugeuse ou l'extracteur de jus.

Variantes

# Smoothie aux fruits rouges façon superfood

Voir recette de base p. 188

**Smoothie aux fruits rouges façon superfood aux amandes**
Suivez la recette de base, en remplaçant la moitié des flocons d'avoine par 1 c. à s. de poudre d'amandes. Ajoutez également 1 c. à s. de beurre d'amandes dans le blender.

**Smoothie aux fruits rouges façon superfood à la poudre de maca**
Suivez la recette de base, en remplaçant le guarana par 1 c. à c. de poudre de maca et 2 c. à s. de yaourt à la vanille.

**Smoothie aux fruits rouges façon superfood au beurre de cacahuètes**
Suivez la recette de base, en remplaçant le jus d'orange par 20 cl de lait de riz et 1 c. à s. de beurre de cacahuètes.

**Smoothie aux fruits rouges façon superfood à la noix de coco**
Suivez la recette de base, en remplaçant le jus d'orange par 20 cl de lait de coco et 1 c. à s. de noix de coco râpée.

Variantes

# Smoothie revitalisant

Voir recette de base p. 191

**Smoothie revitalisant à la spiruline et aux amandes**
Suivez la recette de base, en remplaçant l'eau de coco par du lait d'amandes. Ajoutez dans le blender 1 c. à s. de poudre d'amandes et 1 c. à c. de spiruline en poudre.

**Smoothie revitalisant à l'avocat**
Suivez la recette de base, en ajoutant ¼ d'avocat pelé et dénoyauté

**Smoothie revitalisant à la framboise**
Suivez la recette de base, en ajoutant 70 g de framboises dans le blender.

**Smoothie revitalisant, sans produit laitier**
Suivez la recette de base, en remplaçant le yaourt et l'eau de coco par 25 cl de lait de coco.

Variantes

# Smoothie mûre-mangue au miel

Voir recette de base p. 192

**Smoothie mûre-mangue à l'abricot et au sirop d'érable**
Suivez la recette de base, en remplaçant la moitié des mûres par 3 abricots dénoyautés et émincés. Remplacez le miel par du sirop d'érable.

**Smoothie mûre-mangue à la framboise, au miel et au maca**
Suivez la recette de base, en remplaçant la moitié des mûres par des framboises. Ajoutez 1 c. à c. de poudre de maca dans le blender.

**Smoothie mûre-mangue à la pêche et au miel**
Suivez la recette de base, en remplaçant la moitié des mûres par 2 pêches dénoyautées et émincées.

**Smoothie mûre-mangue à la cerise et au lait d'amandes**
Suivez la recette de base, en remplaçant la moitié des mûres par 120 g de cerises dénoyautées et l'eau de coco par 20 cl de lait d'amandes.

Variantes

# Smoothie abricot-amande au psyllium

Voir recette de base p. 195

**Smoothie abricot-amande au psyllium et aux épinards**
Suivez la recette de base, en ajoutant 15 g de pousses d'épinards dans la centrifugeuse ou l'extracteur de jus.

**Smoothie abricot-amande au psyllium et au chocolat**
Suivez la recette de base, en ajoutant 2 c. à c. de cacao amer en poudre dans le blender.

**Smoothie abricot-amande au psyllium et à l'avoine**
Suivez la recette de base, en ajoutant 1 c. à s. de flocons d'avoine dans le blender.

**Smoothie abricot-amande au psyllium et au kiwi**
Suivez la recette de base, en ajoutant 1 kiwi pelé dans la centrifugeuse ou l'extracteur de jus.

Variantes

# Café glacé banane-ananas

Voir recette de base p. 196

**Chocolat glacé banane-ananas aux graines de lin**
Suivez la recette de base, en remplaçant le café soluble par 2 c. à c. de cacao amer en poudre. Ajoutez 1 c. à s. de graines de lin dans le blender.

**Moka glacé banane-ananas à la mangue**
Suivez la recette de base, en ajoutant dans le blender 1 c. à c. de cacao amer en poudre et ¼ de mangue dénoyautée et pelée.

**Café glacé banane-ananas à la pêche**
Suivez la recette de base, en ajoutant 2 pêches dénoyautées dans la centrifugeuse ou l'extracteur de jus.

**Café glacé banane-ananas à l'abricot, sans produit laitier**
Suivez la recette de base, en ajoutant 2 abricots dénoyautés dans la centrifugeuse ou l'extracteur de jus. Remplacez également le yaourt par 4 c. à s. de lait de coco.

Variantes

# Smoothie banane-épinards au beurre de cacahuètes

Voir recette de base p. 198

**Smoothie banane-épinards au beurre d'amandes**
Suivez la recette de base, en remplaçant le beurre de cacahuètes par du beurre d'amandes et le lait de riz par du lait d'amandes.

**Smoothie banane-épinards à l'avocat**
Suivez la recette de base, en remplaçant le lait de riz par 1 yaourt brassé. Ajoutez dans le blender 1/4 d'avocat, dénoyauté et pelé.

**Smoothie mangue-épinards au beurre de cacahuètes**
Suivez la recette de base, en remplaçant la banane par 1 petite mangue, dénoyautée et pelée. Ajoutez 1 c. à c. de protéines en poudre dans le blender.

**Smoothie banane-épinards chocolaté**
Suivez la recette de base, en remplaçant le lait de riz par du lait entier. Ajoutez 2 c. à c. de cacao amer en poudre dans le blender.

Variantes

# Smoothie bananamaca à la myrtille

Voir recette de base p. 199

**Smoothie bananamaca à la myrtille et à la cerise**
Suivez la recette de base, en ajoutant 120 g de cerises dénoyautées dans la centrifugeuse ou l'extracteur de jus.

**Smoothie bananamaca à la myrtille et à la figue**
Suivez la recette de base, en ajoutant 2 figues dans la centrifugeuse ou l'extracteur de jus.

**Smoothie bananamaca à la myrtille et à la pêche**
Suivez la recette de base, en ajoutant 1 pêche dénoyautée dans la centrifugeuse ou l'extracteur de jus.

**Smoothie bananamaca à la myrtille et au kumquat**
Suivez la recette de base, en ajoutant 4 kumquats dans la centrifugeuse ou l'extracteur de jus.

Variantes

# Smoothie grenade, figue, mûre et noix de coco

Voir recette de base p. 201

**Smoothie grenade, figue, myrtille et noix de coco**
Suivez la recette de base, en remplaçant les mûres par des myrtilles.

**Smoothie grenade, figue, mûre et abricot**
Suivez la recette de base, en ajoutant 2 abricots dénoyautés dans la centrifugeuse ou l'extracteur de jus.

**Smoothie grenade, figue, pêche, mûre et noix de coco**
Suivez la recette de base, en ajoutant 2 pêches dénoyautées dans la centrifugeuse ou l'extracteur de jus.

**Smoothie grenade, figue, mûre et yaourt**
Suivez la recette de base, en remplaçant le lait de coco par du yaourt.

Variantes

# Smoothie potiron, prune et orange

Voir recette de base p. 202

**Smoothie potiron, prune et orange au basilic**
Suivez la recette de base, en ajoutant dans le blender 1 c. à s. de feuilles de basilic.

**Smoothie potiron, prune et orange à la fraise**
Suivez la recette de base, en ajoutant dans le blender 200 g de fraises équeutées et 1 c. à s. de graines de lin.

**Smoothie potiron, prune et orange à la figue**
Suivez la recette de base, en ajoutant 2 figues fraîches dans la centrifugeuse ou l'extracteur de jus.

**Smoothie potiron, prune et orange à la banane**
Suivez la recette de base, en ajoutant dans le blender ½ banane mûre mais ferme.

Variantes

# Smoothie pomme-framboise aux graines de lin

Voir recette de base p. 204

**Smoothie pomme-framboise à la poire et au fruit de la Passion**
Suivez la recette de base, en remplaçant une des pommes par 1 poire. Ajoutez également dans le blender la pulpe d'un fruit de la Passion.

**Smoothie pomme-framboise au kiwi**
Suivez la recette de base, en ajoutant 1 kiwi pelé dans la centrifugeuse ou l'extracteur de jus.

**Smoothie protéiné pomme-cerise**
Suivez la recette de base, en ajoutant 200 g de cerises dénoyautées dans la centrifugeuse ou l'extracteur de jus. Remplacez les graines de lin par 1 c. à c. de poudre de protéines.

**Smoothie pomme-framboise à la figue**
Suivez la recette de base, en ajoutant 2 figues dans la centrifugeuse ou l'extracteur de jus.

Variantes

# Smoothie banane-figue au lait d'amandes

Voir recette de base p. 205

**Smoothie banane-figue à la noix de coco**
Suivez la recette de base, en remplaçant le lait d'amandes par du lait de coco. Ajoutez également 1 c. à s. de noix de coco râpée dans le blender.

**Smoothie banane-figue au yaourt**
Suivez la recette de base, en remplaçant le lait d'amandes par 250 g de yaourt à la grecque.

**Smoothie banane-figue au lait d'amandes et au chocolat**
Suivez la recette de base, en ajoutant 2 c. à c. de cacao amer en poudre dans le blender.

**Smoothie banane-figue au lait d'amandes et à l'avocat**
Suivez la recette de base, en ajoutant 1/4 d'avocat dénoyauté et pelé dans le blender.

# Jus rouges detox

Parce qu'ils sont rouges, définitivement, incontestablement, indubitablement rouges, les jus de ce chapitre se nomment vitalité. Les fruits et légumes rouges, par définition, sont ceux qui contiennent le plus d'antioxydants : ils apportent santé et bien-être, bien au-delà du plaisir de les consommer.

# Jus betterave-carotte à l'échinacée

Voir variantes p. 239

L'échinacée est une plante originaire d'Amérique du Nord, dont trois espèces possèdent des intérêts médicinaux. On les cultive aujourd'hui dans tous les pays tempérés. Elle est réputée pour atténuer les symptômes du rhume et autre affection bactériennes, même si les études peinent à déterminer son rôle exact envers les infections. Elle est de plus en plus utilisée aujourd'hui en réaction à la résistance grandissante aux antibiotiques. C'est ainsi une des plantes essentielles de la phytothérapie.

**2 petites betteraves cuites**
**2 carottes moyennes**
**1 pomme (fuji ou gala)**
**50 g de mûres**
**7 g de persil plat**
**1/4 de citron, pelé**
**1 c. à c. d'échinacée en poudre**

Mêlez tous les ingrédients dans le bol d'un blender, actionnez jusqu'à obtention d'une préparation onctueuse. Versez dans des verres, sur des glaçons.

# Jus de chou rouge au gingembre et au citron

Voir variantes p. 240

Notamment riche en acide folique, la betterave se révèle un allié pour le foie : ses nutriments l'assistent dans ses fonctions dépuratives du sang, jouant un rôle protecteur contre le cancer et de nombreuses autres affections. On suppose également qu'elle peut jouer un rôle dans la régulation de l'humeur, car la bétaïne qu'elle contient est proche d'une molécule utilisée dans certains traitements de la dépression.

**180 g de chou rouge**
**1 petite betterave cuite**
**3 pommes (fuji ou gala)**
**1 citron, pelé**
**1 morceau de gingembre de 1 cm**

Passez tous les ingrédients à la centrifugeuse ou à l'extracteur de jus, puis servez sur des glaçons.

# Jus groseille-fraise à l'avocat et au lucuma

Voir variantes p. 241

De tous les fruits, ce sont les plus colorés qui sont le plus riche en antioxydants, et donc, par définition, les fraises en sont gorgées. La vitamine C qu'elles contiennent notamment active la formation du collagène, contribuant au renouvellement permanent des cartilages et à la souplesse des articulations.

**100 g de groseilles**
**¼ de betterave cuite**
**2 pommes (fuji ou gala)**
**½ branche de céleri**
**½ citron, pelé**
**¼ d'avocat, pelé**
**200 g de fraises équeutées**
**12,5 cl d'eau de coco**
**1 c. à c. de poudre de lucuma**

Passez à la centrifugeuse ou à l'extracteur de jus les groseilles, la betterave, les pommes, le céleri et le citron. Versez ce jus dans le bol d'un blender, ajoutez les autres ingrédients et une poignée de glaçons et actionnez jusqu'à obtention d'une préparation onctueuse.

# Jus de tomate pimenté au poivron et à la prune

Voir variantes p. 242

Il y a de nombreux bénéfices nutritionnels à manger des tomates, mais le plus important est certainement leur teneur en lycopène, un antioxydant luttant contre l'effet des radicaux libres dans l'organisme. Le lycopène aiderait ainsi à protéger du cancer de la prostate, du sein ou de l'estomac, ainsi que de la dégénérescence maculaire liée à l'âge. Il aide également la peau à se protéger des rayons ultraviolets, et donc à prévenir la survenance des cancers de la peau.

**1 pomme (fuji ou gala)**
**1 tomate**
**2 prunes rouges dénoyautées**
**1 petite carotte**
**30 g de pousses d'épinards**
**½ poivron rouge épépiné**
**40 g de laitue romaine**
**1 branche de céleri**
**¼ de betterave cuite**
**¼ de piment jalapeño**
**1 c. à s. de ciboulette ciselée**

Passez tous les ingrédients à la centrifugeuse ou à l'extracteur de jus, puis servez sur des glaçons.

# Jus de groseille, framboise et raisin aux germes de blé

Voir variantes p. 243

La framboise renferme un phytonutriment phénolique aux vertus antioxydantes, la rhéosmine. Commercialisée en poudre en granules sous le nom de « cétone de framboise », celle-ci est réputée pour sa capacité à brûler les graisses, et donc pour ses vertus amincissantes. Certaines études ont en effet démontré qu'elle secondait notamment le pancréas dans son action digestive, en se substituant à l'action de certaines enzymes produites par l'organisme.

**2 pommes (fuji ou gala)**
**120 g de raisin rouge**
**45 g de chou rouge émincé**
**50 g de groseilles**
**1/4 de citron vert, pelé**
**250 g de framboises**
**1/4 de mangue pelée, dénoyautée et coupée en cubes**
**2 c. à c. de germes de blé**

Passez à la centrifugeuse ou à l'extracteur de jus les pommes, le raisin, le chou rouge, les groseilles et le citron vert. Versez ce jus dans le bol d'un blender, ajoutez le reste des ingrédients et une poignée de glaçons et actionnez jusqu'à obtention d'une préparation bien onctueuse.

# Jus carotte-poivron à la pastèque et au piment de Cayenne

Voir variantes p. 244

Le piment de Cayenne fut utilisé au cours de l'histoire pour ses vertus thérapeutiques sur de nombreuses affections, jusqu'aux plus improbables : crises de goutte, délires et même scarlatine... Aujourd'hui, il est réputé pour stimuler la digestion et le transit intestinal. Mais on l'utilise surtout en application externe (cataplasme), pour soulager les douleurs lombaires ou articulaires, ainsi que les symptômes du psoriasis.

**1 carotte moyenne**
**½ poivron rouge épépiné**
**45 g de chou rouge**
**1 pomme (fuji ou gala)**
**¼ d'ananas victoria**
**300 g de pastèque, épépinée et coupée en cubes**
**1 pincée de piment de Cayenne**

Passez à la centrifugeuse ou à l'extracteur de jus la carotte, le poivron rouge, le chou rouge, la pomme et l'ananas. Versez ce jus dans le bol d'un blender, ajoutez la pastèque et le piment de Cayenne, ainsi qu'une poignée de glaçons. Actionnez jusqu'à obtention d'une préparation onctueuse.

# Jus betterave-mûre maca-lucuma

Voir variantes p. 245

La poudre de lucuma est réputée pour sa forte valeur nutritionnelle. Produite à partir d'un fruit du Pérou, elle épaissit et édulcore les préparations à cru comme à cuit, en apportant une saveur sucrée agréable malgré un indice glycémique bas. Elle contiendrait 14 nutriments essentiels, dont du potassium, du calcium, magnésium et du phosphore. Ce dernier est notamment important pour la formation des os et l'équilibre hormonal de l'organisme.

**2 petites betteraves cuites**
**2 pommes (fuji ou gala)**
**2 prunes rouges dénoyautées**
**150 g de mûres**
**1 c. à c. de poudre de maca**
**1 c. à c. de poudre de lucuma**

Passez à la centrifugeuse ou à l'extracteur de jus la betterave, les pommes, les prunes et les mûres. Versez ce jus dans le bol d'un blender, ajoutez la poudre de maca et la poudre de lucuma, ainsi qu'une poignée de glaçons. Actionnez jusqu'à obtention d'une préparation onctueuse.

# Jus de pêche, carotte, canneberge et orange

Voir variantes p. 246

Les pêches sont riches en de nombreux antioxydants. Elles contiennent notamment de l'acide chlorogénique, connu pour ses effets protecteurs contre certains cancers et d'autres maladies chroniques et inflammatoires. C'est ainsi qu'elles sont bénéfiques à ceux qui souffrent d'arthrite. Manger des pêches est un excellent moyen de détoxifier les intestins, les reins, l'estomac ou le foie. Riches en potassium, les pêches limitent également le risque de développer un ulcère.

**2 pêches dénoyautées**
**140 g de canneberges**
**2 carottes moyennes**
**2 belles oranges**
**1 morceau de gingembre de 1 cm environ**

Passez tous les ingrédients à la centrifugeuse ou à l'extracteur de jus, puis versez-les dans des verres, sur des glaçons.

# Jus de myrtille et chou rouge au sésame

Voir variantes p. 247

Les graines de sésame sont riches en acides gras mono-insaturés, ce qui contribue à réduire le mauvais cholestérol et, au contraire, à augmenter le bon cholestérol de l'organisme. Elles sont une source précieuse de protéines, avec des acides aminés essentiels à la croissance, en particulier chez les enfants. On les désigne parfois comme des bombes nutritives, pour leur incroyable teneur en minéraux : calcium, fer, manganèse, zinc, magnésium, sélénium, cuivre... Ces minéraux ont un rôle vital à jouer dans la minéralisation osseuse, la production de globules rouges dans le sang, la synthèse enzymatique ou l'équilibre hormonal.

**180 g de chou rouge émincé**
**¼ de concombre**
**1 pomme (fuji ou gala)**
**120 g de raisin rouge**
**225 g de myrtilles**
**1 c. à c. de graines de sésame**

Passez à la centrifugeuse ou à l'extracteur de jus le chou rouge, le concombre, la pomme, le raisin et 150 g de myrtilles. Versez ces jus dans le bol d'un blender, ajoutez le reste des myrtilles, les graines de sésame et une poignée de glaçons. Actionnez jusqu'à obtention d'une préparation onctueuse.

# Jus de pastèque, fraise et cerise

Voir variantes p. 248

Les pastèques, à l'image des tomates mais aussi du pamplemousse rose (mais pas du pamplemousse jaune) doivent leur couleur au lycopène, un pigment naturel de la famille des caroténoïdes. La consommation régulière de lycopène aurait de nombreux effets bénéfiques sur la santé : des études démontreraient même son efficacité sur la prévention du cancer de la prostate.

**1 pomme (fuji ou gala)**
**1 petite betterave cuite**
**1 tomate**
**8 feuilles de basilic**
**120 g de cerises dénoyautées**
**300 g de pastèque, épépinée et coupée en cubes**
**50 g de fraises équeutées**

Passez la pomme, la betterave, la tomate et le basilic à la centrifugeuse ou à l'extracteur de jus. Versez ce jus dans le bol d'un blender, ajoutez les autres ingrédients et une poignée de glaçons. Actionnez jusqu'à obtention d'une préparation onctueuse.

# Jus de tomate épicé

Voir variantes p. 249

On ne s'en douterait pas, mais la sauce worcestershire, typiquement britannique, est gorgée de nutriments ! Elle est en effet préparée avec de nombreux ingrédients, qui fournissent chacun des minéraux et des vitamines, notamment du groupe B. La vitamine B6 issue de l'ail, de la mélasse et des clous de girofle qu'elle contient préserve notre système nerveux et joue un rôle sur la qualité de la peau. La vitamine E stimule également notre système immunitaire. Enfin, la sauce worcestershire contient une large gamme d'antioxydants, aidant à prévenir les effets du vieillissement. Attention cependant à ne pas en abuser, car elle est très riche en sodium !

**4 tomates bien mûres**
**2 pommes (fuji ou gala)**
**1 branche de céleri**
**½ poivron rouge, épépiné**
**1 c. à c. de sauce worcestershire**
**½ c. à c. d'oignon en poudre**
**½ c. à c. d'ail en poudre**
**¼ de c. à c. de poivre moulu**
**1 pincée de piment de Cayenne**

Passez à la centrifugeuse ou à l'extracteur de jus les tomates, les pommes, le céleri et le poivron rouge. Versez ces jus dans le bol d'un blender, ajoutez tous les autres ingrédients et une poignée de glaçons. Actionnez jusqu'à obtention d'une préparation onctueuse.

# Jus de grenade et cerise

Voir variantes p. 250

Les framboises sont riches en vitamine du groupe B, ainsi qu'en vitamine K. Ces vitamines aident l'organisme à métaboliser les glucides, les protéines et les graisses, pour les rendre disponibles aux cellules. Elles contiennent également des minéraux, notamment du potassium, du manganèse, du cuivre, du fer et du magnésium. Le potassium est un composant important des cellules, permettant de réguler la fréquence cardiaque et la pression artérielle.

**½ grenade**
**4 prunes rouges dénoyautées**
**200 g de cerises dénoyautées**
**¼ d'ananas victoria**
**40 g de framboises**

Commencez par récupérer les graines de la grenade : pressez celle-ci sur un plan de travail, puis coupez-la en deux et extrayez les graines à la cuillère. Ôtez toutes les parties blanchâtres, amères.

Passez les graines de grenade à la centrifugeuse ou à l'extracteur de jus, ainsi que les prunes, les cerises et l'ananas. Versez ces jus dans le bol d'un blender, ajoutez les framboises et une poignée de glaçons. Actionnez jusqu'à obtention d'une préparation onctueuse.

# Jus groseille-aubergine à l'orange

Voir variantes p. 251

Les aubergines contiennent de nombreux phytonutriments essentiels, qui favorisent la qualité de la circulation sanguine et les fonctions cérébrales et cognitives. Elles contribuent également à la santé du cœur, et les études tendent à démontrer que leur consommation réduit le taux de mauvais cholestérol dans la circulation sanguine. Riches en flavonoïdes, elles régulent l'hypertension artérielle. Elles contiennent enfin de l'acide chlorogénique, un puissant antioxydant, jouant un rôle contre la dégradation des cellules.

**1 pomme (fuji ou gala)**
**1 orange**
**40 g de chair d'aubergine**
**25 g de groseilles**
**40 g de mûres**
**¼ d'ananas victoria**
**1 morceau de concombre de 5 cm environ**

Passez tous les ingrédients à la centrifugeuse ou à l'extracteur de jus, puis mettez-les dans le bol d'un blender. Ajoutez une poignée de glaçons et actionnez jusqu'à obtention d'une préparation onctueuse.

Variantes

# Jus betterave-carotte à l'échinacée

Voir recette de base p. 219

**Jus betterave-carotte au basilic et au piment**
Suivez la recette de base, en remplaçant le persil plat par ½ piment vert et 8 feuilles de basilic.

**Jus betterave-carotte au citron vert et à la coriandre**
Suivez la recette de base, en remplaçant le persil plat par de la coriandre et le citron par ½ citron vert pelé.

**Jus betterave-carotte à l'orange et à la ciboulette**
Suivez la recette de base, en remplaçant le persil plat par 2 c. à s. de ciboulette ciselée et le citron par une petite orange pelée.

**Jus betterave-carotte au poivron rouge et à la marjolaine**
Suivez la recette de base, en supprimant le persil. Ajoutez ½ poivron rouge et 2 c. à s. de marjolaine dans la centrifugeuse ou l'extracteur de jus.

Variantes

# Jus de chou rouge au gingembre et au citron

Voir recette de base p. 220

**Jus de chou rouge au gingembre et à l'orange**
Suivez la recette de base, en remplaçant le citron par 1 petite orange pelée.

**Jus de chou rouge au gingembre et au pamplemousse**
Suivez la recette de base, en remplaçant le citron par ¼ de pamplemousse, pelé.

**Jus de chou rouge au gingembre et à la canneberge**
Suivez la recette de base, en supprimant la moitié du chou rouge. Ajoutez 70 g de canneberges dans la centrifugeuse ou l'extracteur de jus.

**Jus de chou rouge au gingembre et à la prune**
Suivez la recette de base, en supprimant la moitié du chou rouge. Ajoutez 3 prunes rouges dénoyautées dans la centrifugeuse ou l'extracteur de jus.

Variantes

# Jus groseille-fraise à l'avocat et au lucuma

Voir recette de base p. 223

**Jus groseille-fraise à l'avocat et au basilic**
Suivez la recette de base, en ajoutant 8 feuilles de basilic dans la centrifugeuse ou l'extracteur de jus, en même temps que les groseilles.

**Jus groseille-fraise à l'avocat, à la pêche et à la poudre de maca**
Suivez la recette de base, en ajoutant 1 pêche dénoyautée dans la centrifugeuse ou l'extracteur de jus. Remplacez la poudre de lucuma par 1 c. à c. de poudre de maca.

**Jus groseille-framboise à l'avocat et au lucuma**
Suivez la recette de base, en remplaçant les fraises par des framboises.

**Jus groseille-fraise à l'avocat, à la tomate et au lucuma**
Suivez la recette de base, en ajoutant 1 tomate dans la centrifugeuse ou l'extracteur de jus.

Variantes

# Jus de tomate pimenté au poivron rouge et à la prune

Voir recette de base p. 224

**Jus de tomate pimenté au poivron, à la canneberge et à la prune**
Suivez la recette de base, en remplaçant la carotte et le céleri par 70 g de canneberges.

**Jus de tomate pimenté au poivron, aux blettes et à la prune**
Suivez la recette de base, en remplaçant la laitue romaine par des feuilles de blettes et la ciboulette par du persil plat.

**Jus de tomate pimenté au poivron, au chou rouge et à la prune**
Suivez la recette de base, en remplaçant la laitue et la ciboulette par 45 g de chou rouge émincé.

**Jus de tomate-roquette pimenté au poivron, à la prune et au gingembre**
Suivez la recette de base, en supprimant les feuilles de laitue. Ajoutez dans la centrifugeuse ou l'extracteur de jus 1 morceau de gingembre de 1 cm environ et une petite poignée de roquette.

Variantes

# Jus de groseille, framboise et raisin aux germes de blé

Voir recette de base p. 225

**Jus de groseille, fraise et raisin aux germes de blé**
Suivez la recette de base, en remplaçant les framboises par des fraises.

**Jus de groseille, framboise et raisin au poivron rouge**
Suivez la recette de base, en ajoutant ½ poivron rouge dans la centrifugeuse ou l'extracteur de jus.

**Jus de groseille, framboise et raisin au tamarin**
Suivez la recette de base, en ajoutant dans le blender ¼ de c. à c. de pâte de tamarin.

**Jus de groseille, framboise et raisin à la banane et au lucuma**
Suivez la recette de base, en supprimant la mangue et les germes de blé. Dans le blender, ajoutez ½ banane et 1 c. à c. de poudre de lucuma.

Variantes

# Jus carotte-poivron rouge à la pastèque et au piment de Cayenne

Voir recette de base p. 226

**Jus carotte-poivron à la fraise et au piment de Cayenne**
Suivez la recette de base, en supprimant la pastèque. Ajoutez 100 g de fraises dans le blender.

**Jus carotte-poivron à la tomate et au piment de Cayenne**
Suivez la recette de base, en supprimant la pastèque. Ajoutez 2 petites tomates dans la centrifugeuse ou l'extracteur de jus.

**Jus carotte-poivron à la groseille et au piment de Cayenne**
Suivez la recette de base, en supprimant la pastèque. Ajoutez 50 g de groseilles dans la centrifugeuse ou l'extracteur de jus et 1 c. à c. de sirop d'érable dans le blender.

**Jus carotte-poivron à la canneberge et au piment de Cayenne**
Suivez la recette de base, en supprimant la pastèque. Ajoutez 70 g de canneberges dans la centrifugeuse ou l'extracteur de jus.

Variantes

# Jus betterave-mûre maca-lucuma

Voir recette de base p. 229

**Jus betterave-mûre à la banane**
Suivez la recette de base, en remplaçant les poudres de maca et de lucuma par 1 c. à c. de protéines en poudre. Ajoutez également ½ banane mûre mais ferme, dans le blender.

**Jus betterave-mûre aux graines de lin**
Suivez la recette de base, en supprimant la poudre de maca. Ajoutez dans le blender ½ mangue pelée et dénoyautée et 2 c. à c. de graines de lin.

**Jus betterave-mûre à la papaye**
Suivez la recette de base, en supprimant la poudre de lucuma. Ajoutez dans le blender la chair de ½ papaye pelée et épépinée.

**Jus betterave-myrtille aux graines de chia**
Suivez la recette de base, en supprimant les poudres de maca et de lucuma. Ajoutez 150 g de myrtilles dans la centrifugeuse ou l'extracteur de jus et 1 c. à s. de graines de chia dans le blender. Actionnez, laissez gonfler 30 min, puis actionnez à nouveau avec les glaçons.

Variantes

# Jus de pêche, carotte, canneberge et orange

Voir recette de base p. 230

**Jus de pêche, carotte, canneberge, orange et radis**
Suivez la recette de base, en ajoutant 3 radis roses dans la centrifugeuse ou l'extracteur de jus.

**Jus de pêche, carotte, canneberge, orange et cerise**
Suivez la recette de base, en ajoutant 120 g de cerises dénoyautées dans la centrifugeuse ou l'extracteur de jus.

**Jus de pêche, carotte, canneberge, orange, tomate et basilic**
Suivez la recette de base, en ajoutant 2 petites tomates et 8 feuilles de basilic dans la centrifugeuse ou l'extracteur de jus.

**Jus de pêche, canneberge, orange et rhubarbe**
Suivez la recette de base, en remplaçant les carottes par ¼ d'ananas et 70 g de rhubarbe, dans la centrifugeuse ou l'extracteur de jus.

Variantes

# Jus de myrtille et chou rouge au sésame

Voir recette de base p. 233

**Jus de myrtille et chou rouge au sésame et à la prune**
Suivez la recette de base, en ajoutant 2 prunes dénoyautées dans la centrifugeuse ou l'extracteur de jus.

**Jus de myrtille et chou rouge au sésame et à la cerise**
Suivez la recette de base, en remplaçant les 75 g de myrtilles du blender par 120 g de cerises dénoyautées.

**Jus de myrtilles et chou rouge au sésame et à la pastèque**
Suivez la recette de base, en remplaçant les 75 g de myrtilles du blender par 75 g de pastèque pelée et épépinée.

**Jus de myrtilles et chou rouge à la framboise et aux amandes**
Suivez la recette de base, en remplaçant les 75 g de myrtilles du blender par 65 g de framboises et les graines de sésame par 2 c. à s. de poudre d'amandes.

Variantes

# Jus de pastèque, fraise et cerise

Voir recette de base p. 234

**Jus de pastèque, fraise et cerise au yaourt**
Suivez la recette de base, en ajoutant 2 c. à s. de yaourt brassé dans le blender.

**Jus de pastèque, fraise et cerise à la banane**
Suivez la recette de base, en ajoutant ½ banane mûre mais ferme dans le blender.

**Jus de pastèque, fraise et canneberge à l'ananas**
Suivez la recette de base, en remplaçant la betterave par ¼ d'ananas pelé et la moitié des cerises par 70 g de canneberges.

**Jus de pastèque, fraise et cerise à la carambole**
Suivez la recette de base, en ajoutant 2 prunes dénoyautées dans la centrifugeuse ou l'extracteur de jus. Ajoutez également 1 carambole émincée dans le blender.

Variantes

# Jus de tomate épicé

Voir recette de base p. 235

**Jus de tomate épicé à l'orange**
Suivez la recette de base, en ajoutant 1 petite orange pelée dans la centrifugeuse ou l'extracteur de jus.

**Jus de tomate épicé au gingembre**
Suivez la recette de base, en ajoutant 1 morceau de gingembre de 1 cm environ, pelé, dans la centrifugeuse ou l'extracteur de jus.

**Jus de tomate épicé à la coriandre**
Suivez la recette de base, en ajoutant 1 petite botte de coriandre fraîche dans la centrifugeuse ou l'extracteur de jus.

**Jus de tomate épicé à la ciboulette**
Suivez la recette de base, en ajoutant 2 c. à s. de ciboulette ciselée dans la centrifugeuse ou l'extracteur de jus.

Variantes

# Jus de grenade et cerise

Voir recette de base p. 236

**Jus de grenade et cerise à la rhubarbe**
Suivez la recette de base, en ajoutant 70 g de rhubarbe émincée dans la centrifugeuse ou l'extracteur de jus.

**Jus de grenade et cerise à la mûre**
Suivez la recette de base, en remplaçant 2 prunes par 75 g de mûres.

**Jus de grenade et cerise au raisin**
Suivez la recette de base, en remplaçant 2 prunes par 60 g de raisin rouge.

**Jus de grenade et cerise à la groseille**
Suivez la recette de base, en remplaçant 2 prunes par 50 g de groseilles.

Variantes

# Jus groseille-aubergine à l'orange

Voir recette de base p. 238

**Jus groseille-aubergine à l'orange et aux figues**
Suivez la recette de base, en ajoutant 2 figues fraîches dans la centrifugeuse ou l'extracteur de jus.

**Jus groseille-aubergine à l'orange et à la betterave**
Suivez la recette de base, en ajoutant ½ betterave crue dans la centrifugeuse ou l'extracteur de jus.

**Jus groseille-aubergine à l'orange et au yaourt**
Suivez la recette de base, en ajoutant 1 yaourt brassé dans le blender.

**Jus groseille-aubergine à l'orange et à la pêche**
Suivez la recette de base, en ajoutant 2 pêches dénoyautées dans la centrifugeuse ou l'extracteur de jus.

# Passion des îles

Disponibles toute l'année sur les étals, les fruits exotiques, de la goyave à la papaye, apportent au jus leurs saveurs, mais également leur texture et leur couleur, souvent synonyme d'abondance de nutriments. L'ajout de banane ou d'ananas transformera illico vos jus les plus courants en de somptueux et savoureux cocktails.

# Jus d'ananas, mangue, banane et fraise

Voir variantes p. 272

Manger régulièrement des bananes peut aider à surmonter les symptômes de la dépression. En effet, elles contiennent un taux élevé en tryptophane, que l'organisme convertit en sérotonine, un neurotransmetteur responsable des sensations de bien-être. Largement utilisée dans le monde entier par les sportifs de haut niveau notamment du fait de sa richesse en phosphore et en potassium, la banane est extrêmement utile dans la prévention des crampes. Elle agit également comme un prébiotique, en stimulant les bactéries indispensables au bon fonctionnement de notre système digestif.

**1 mangue, pelée et dénoyautée**
**1 pomme (fuji ou gala)**
**1 poire**
**¼ d'ananas**
**1 banane mûre mais ferme**
**100 g de fraises équeutées**
**1 c. à c. de poudre de maca**

Passez à la centrifugeuse ou à l'extracteur de jus la mangue, la pomme et la poire. Versez ce jus dans le bol d'un blender, ajoutez la banane, les fraises, la poudre de maca et une poignée de glaçons. Actionnez jusqu'à obtention d'une préparation onctueuse.

# Tropical mangue-kiwi

Voir variantes p. 273

L'huile de noix de coco est parfois aussi appelée « huile de coprah ». Malgré la mauvaise réputation de l'huile de palme (dont elle est botaniquement proche), l'huile de noix de coco contient des nutriments importants, notamment une combinaison unique d'acides gras saturés de bonne qualité, sans traces d'acides gras trans. Cela explique qu'il s'agisse d'une matière grasse de meilleure qualité nutritionnelle que le beurre, bien qu'elle se présente sous une forme solide au-dessus de 25°C, comme lui. Au moment de vous la procurer, recherchez prioritairement de l'huile de noix de coco vierge : produite à partir de pulpe fraîche, elle n'a pas l'odeur caractéristique, désagréable, qu'ont certaines huiles de noix de coco.

**1 petite orange, pelée**
**1 kiwi, pelé**
**½ mangue, pelée et dénoyautée**
**¼ d'ananas**
**75 g de mûres**
**10 cl d'eau de coco**
**1 c. à c. d'huile de noix de coco**

Passez à la centrifugeuse ou à l'extracteur de jus l'orange, le kiwi, la mangue et l'ananas. Versez ce jus dans le bol d'un blender, ajoutez les autres ingrédients et une poignée de glaçons. Actionnez jusqu'à obtention d'une préparation onctueuse.

# Jus Passion-cassis au tofu

Voir variantes p. 274

Le tofu est une pâte solide ou liquide (tofu soyeux), préparée à partir de fèves de soja. Idéal pour soulager les symptômes de la ménopause, le tofu est riche en protéines, dont il contient les huit acides aminés essentiels. Souvent enrichi en calcium, il constitue une bonne alternative aux produits laitiers, idéal pour lutter contre l'ostéoporose. Le tofu est une excellente source de fer, de manganèse, de sélénium et de phosphore.

**1 pomme (fuji ou gala)**
**50 g de cassis**
**1/4 d'ananas**
**1/4 de concombre**
**1/4 de citron vert, pelé**
**2 fruits de la Passion**
**50 g de tofu soyeux**
**2 c. à s. de yaourt brassé**
**1 c. à c. d'extrait de vanille liquide**

Passez à la centrifugeuse ou à l'extracteur de jus la pomme, le cassis, l'ananas, le concombre et le citron vert. Versez ce jus dans le bol d'un blender.

Prélevez la chair des fruits de la Passion, ajoutez-la dans le blender, ainsi que le tofu soyeux, le yaourt, l'extrait de vanille liquide et une poignée de glaçons. Actionnez jusqu'à obtention d'une préparation onctueuse.

# Jus d'ananas, épinards et mangue

Voir variantes p. 275

Des études ont démontré que l'ajout de cannelle dans un plat riche en glucides aide à réduire son impact sur le taux de glycémie de l'organisme. La consommation quotidienne de ½ c. à c. de cannelle en poudre réduit ainsi notablement les niveaux de sucre dans le sang chez les personnes atteintes de diabète de type 2.

**2 poires**
**¼ d'ananas**
**30 g de pousses d'épinards**
**½ mangue, pelée et dénoyautée**
**¼ de citron vert**
**75 g de chair de potiron**
**¼ c. à c. de cannelle en poudre**
**¼ de c. à c. de noix muscade râpée**

Passez à la centrifugeuse ou à l'extracteur de jus les poires, l'ananas, les pousses d'épinards et la mangue. Pressez le citron. Versez ces jus dans le bol d'un blender, ajoutez la chair de potiron, la cannelle et la noix muscade râpée. Ajoutez une poignée de glaçons, puis actionnez jusqu'à obtention d'une préparation onctueuse.

# Jus de grenade, papaye, goyave et ananas

Voir variantes p. 276

Fruit peu calorique bien qu'assez sucré, la grenade est riche en fibres, même si le processus d'extraction du jus en réduit notablement la teneur. Elle contient un taux exceptionnel d'antioxydants : davantage que le thé vert. Elle est également riche en vitamines C et du groupe B. Boire du jus de grenade pourrait contribuer à prévenir la maladie d'Alzheimer. Une étude a enfin révélé que les personnes qui buvaient du jus de grenade présentaient des niveaux plus faibles de cortisol, connu comme l'hormone du stress.

**Les graines de ½ grenade**
**2 goyaves**
**1 pomme (fuji ou gala)**
**½ papaye pelée et épépinée**
**¼ d'ananas victoria**
**50 g de cassis**
**¼ de mangue, pelée et dénoyautée**
**1 morceau de gingembre de 5 mm environ**

Coupez les grenades en quatre, puis retournez les quartiers de peau pour faire tomber les capsules. Retirez délicatement toutes les petites peaux blanches, car elles ont une saveur amère.

Passez à la centrifugeuse ou à l'extracteur de jus les graines de grenade, la goyave, l'ananas, le cassis et le gingembre. Versez ce jus dans le bol d'un blender, ajoutez une poignée de glaçons et actionnez jusqu'à obtention d'une préparation onctueuse.

# Jus de pêche, poire et papaye

Voir variantes p. 277

Parce que pauvre en sodium et grâce à sa saveur piquante, le gingembre est idéal pour assaisonner les plats en remplaçant le sel dans un régime hyposodé. Le gingembre en poudre est trois fois plus calorique que le gingembre frais, mais on le consomme toujours en très petite quantité. Il favorise la digestion et réduirait les nausées, notamment liées au mal des transports. Il pourrait également être aphrodisiaque...

**2 pêches dénoyautées**
**1 poire**
**1 orange moyenne, pelée**
**1 pomme (fuji ou gala)**
**½ papaye, pelée et épépinée**
**1 morceau de gingembre de 1 cm environ**
**3 feuilles de menthe**

Passez tous les ingrédients à la centrifugeuse ou à l'extracteur de jus. Versez ce jus dans le bol d'un blender, ajoutez une poignée de glaçons et actionnez jusqu'à obtention d'une préparation onctueuse.

# Jus de figue, goyave, raisin et myrtille

Voir variantes p. 278

Les figues sont un excellent aliment pour les prébiotiques qu'ils contiennent, et qui jouent un rôle important dans la qualité de la digestion en protégeant les bactéries de la flore intestinale. La consommation de figues favorise ainsi l'assimilation de différents minéraux de notre alimentation, notamment le calcium et le magnésium. C'est ainsi un allié naturel dans la lutte contre l'ostéoporose et la décalcification du squelette.

4 petites figues
2 pommes (fuji ou gala)
2 petites goyaves, pelées et épépinées
60 g de raisin rouge
75 g de myrtilles
120 g de yaourt à la grecque

Passez à la centrifugeuse ou à l'extracteur de jus les figues, les pommes, les goyaves et le raisin. Versez ce jus dans le bol d'un blender, ajoutez les myrtilles, le yaourt à la grecque et une poignée de glaçons et actionnez jusqu'à obtention d'une préparation onctueuse.

# Jus de melon au tamarin, au tahini et à l'avocat

Voir variantes p. 279

Le tamarin, aussi connu comme la « datte indienne », est un aromate riche en nutriments, qu'on utilise le plus souvent sous forme de pâte. C'est une bonne source d'antioxydants, de fibres et de potassium, qui sont efficaces dans la prévention des inflammations des artères du cœur ou de certaines affections cardiaques. Riche en vitamine C, le tamarin renforce naturellement le système immunitaire. Sa saveur acidulée en fait un aromate incontournable des cuisines d'Inde et d'Asie du Sud-Est.

**2 pommes (fuji ou gala)**
**1/4 d'ananas victoria**
**1/4 de melon charentais**
**1/4 d'avocat**
**2 c. à c. de tahini**
**1/4 de c. à c. de pâte de tamarin**

Passez à la centrifugeuse ou à l'extracteur de jus les pommes et l'ananas. Versez ce jus dans le bol d'un blender, ajoutez le melon, l'avocat, le tahini et la pâte de tamarin, ainsi qu'une poignée de glaçons. Actionnez jusqu'à obtention d'une préparation onctueuse.

# Jus orange-Passion à la mangue

Voir variantes p. 280

Les graines du fruit de la Passion sont comestibles, mais néanmoins très dures et parfois désagréables à la dégustation. Il peut sembler difficile de les séparer de la pulpe, mais il suffit, pour ce faire, de prélever la pulpe à la cuillère, après avoir coupé le fruit de la Passion en deux, puis de la déposer dans une passoire pas trop fine, placée sur un bol. On foule ensuite délicatement la chair contre le tamis, avec le dos de la cuillère, pour récupérer la pulpe.

**2 fruits de la Passion**
**1 orange moyenne**
**2 prunes dénoyautées**
**½ banane mûre mais ferme**
**¼ de mangue bien mûre, pelée et dénoyautée**

Coupez les fruits de la Passion en deux, prélevez leur pulpe et ôtez les graines. Pressez l'orange. Passez les prunes à la centrifugeuse ou à l'extracteur de jus.

Versez les jus dans le bol d'un blender, ajoutez tous les autres ingrédients et une poignée de glaçons et actionnez jusqu'à obtention d'une préparation onctueuse.

# Jus orange-ananas pimenté

Voir variantes p. 281

Les piments contiennent de la capsaïcine, une substance alcaloïde responsable de leur goût piquant. Les poivrons ne sont d'ailleurs rien d'autre que de gros piments qui en sont dépourvus, d'où leur saveur douce... On mesure le piquant des piments en fonction de leur teneur en capsaïcine, sur l'échelle dite « de Scoville ». Cette molécule, au-delà de ses effets irritants, a également un rôle antibactérien. Suivant leur couleur, les piments conienennt par ailleurs d'autres nutriments, avec de nombreux bénéfices sur la santé.

**1/4 d'ananas**
**1 kiwi**
**1 morceau de gingembre de 5 mm environ**
**2 belles oranges**
**1/2 citron**
**60 g de chair de potiron (facultatif)**
**1 pincée de piment en poudre**

Passez à la centrifugeuse ou à l'extracteur de jus l'ananas, le kiwi et le gingembre. Pressez les oranges et le citron. Versez ces jus dans le bol d'un blender, ajoutez la chair de potiron (si vous le souhaitez) et le piment. Ajoutez une poignée de glaçons et actionnez jusqu'à obtention d'une préparation onctueuse.

# Jus d'annone, mangue et orange

Voir variantes p. 282

Contenant de la vitamine A, les annones peuvent aider à contrôler la pression artérielle. Elles préservent aussi la santé de la peau et la qualité des cheveux. Elles participent au bon fonctionnement du système digestif, et, du fait de leur teneur en cuivre, aident l'organisme à lutter contre la constipation. Ces fruits contiennent également du magnésium, qui joue un rôle dans la régulation de l'hydratation des cellules et la bonne santé des articulations. En consommer aide ainsi à réduire les symptômes des rhumatismes et de l'arthrite. Enfin, leur potassium préserve des faiblesses musculaires.

**2 annones**
**1 mangue pelée et dénoyautée**
**1 belle orange**
**¼ d'ananas**

Passez tous les fruits à la centrifugeuse, puis versez ce jus dans le bol d'un blender. Ajoutez une poignée de glaçons et actionnez jusqu'à obtention d'une préparation onctueuse.

# Jus goyave-ananas à la carambole

Voir variantes p. 283

La carambole est un fruit tropical à la chair juteuse, originaire d'Asie du Sud-Est et cultivé aujourd'hui dans toutes les régions tropicales. Fruit jaune allongé, de forme côtelée, il donne de sublimes étoiles, très décoratives, une fois qu'on l'a découpé en tranches. Mais il est aussi délicieux pour sa chair, riche en vitamine C, gorgée d'antioxydants et de flavonoïdes. On soupçonne cependant ce fruit d'être toxique, notamment pour le rein. Une consommation en petite quantité n'est pas problématique, mais reste déconseillée aux personnes souffrant de maladies rénales.

**2 belles caramboles**
**2 petites goyaves**
**1 pomme (fuji ou gala)**
**1/4 d'ananas**
**1/4 de citron vert**
**1/4 d'avocat**
**1 pincée de cannelle en poudre**

Passez les caramboles, les goyaves, la pomme et l'ananas à la centrifugeuse ou à l'extracteur de jus. Pressez le citron vert. Versez ces jus dans le bol d'un blender, ajoutez l'avocat et une poignée de glaçons et actionnez jusqu'à obtention d'une préparation onctueuse. Versez dans des verres et parsemez d'un voile de cannelle avant de servir.

Variantes

# Jus d'ananas, mangue, banane et fraise

Voir recette de base p. 253

**Jus d'ananas, mangue, banane et fraise aux épinards**
Suivez la recette de base, en ajoutant 15 g de pousses d'épinards dans la centrifugeuse ou l'extracteur de jus.

**Jus d'ananas, mangue, banane et fraise au concombre**
Suivez la recette de base, en ajoutant ¼ de concombre dans la centrifugeuse ou l'extracteur de jus.

**Jus d'ananas, mangue, banane, fraise et cassis au yaourt**
Suivez la recette de base, en ajoutant 50 g de cassis dans la centrifugeuse ou l'extracteur de jus. Ajoutez également 2 c. à s. de yaourt brassé dans le blender.

**Jus d'ananas, mangue, banane et mûre**
Suivez la recette de base, en remplaçant les fraises par 100 g de mûres.

Variantes

# Tropical mangue-kiwi

Voir recette de base p. 254

**Tropical mangue-framboise au lait d'amandes**
Suivez la recette de base, en remplaçant les mûres par des framboises et l'eau de coco par 10 cl de lait d'amandes.

**Tropical mangue-kiwi à la nectarine**
Suivez la recette de base, en remplaçant les mûres par 2 nectarines dénoyautées. Ajoutez-les dans la centrifugeuse ou l'extracteur de jus.

**Tropical mangue-kiwi à l'abricot**
Suivez la recette de base, en supprimant les mûres. Ajoutez 2 abricots dénoyautés dans la centrifugeuse ou l'extracteur de jus.

**Tropical mangue-kiwi à la papaye et au lait de coco**
Suivez la recette de base, en remplaçant les mûres par ¼ de papaye pelée et épépinée et l'eau de coco par 10 cl de lait de coco.

Variantes

# Jus Passion-cassis au tofu

Voir recette de base p. 256

**Jus Passion-cassis au tofu et à la mangue**

Suivez la recette de base, en ajoutant dans la centrifugeuse ou l'extracteur de jus ¼ de mangue pelée et dénoyautée.

**Jus Passion-cassis au tofu et au cresson**

Suivez la recette de base, en ajoutant 20 g de cresson dans le blender.

**Jus Passion-cassis au tofu et au kiwi**

Suivez la recette de base, en ajoutant 1 kiwi pelé dans la centrifugeuse ou l'extracteur de jus.

**Jus Passion-cassis au tofu, à l'abricot et au lait d'amandes**

Suivez la recette de base, en supprimant le yaourt et l'extrait de vanille. Ajoutez dans la centrifugeuse ou l'extracteur de jus 2 abricots dénoyautés. Ajoutez également dans le blender 4 c. à s. de lait d'amandes et quelques gouttes d'extrait d'amande amère.

Variantes

# Jus d'ananas, épinards et mangue

Voir recette de base p. 257

**Jus d'ananas, épinards, mangue et raisin aux germes de soja**
Suivez la recette de base, en ajoutant 60 g de raisin rouge et 50 g de germes de soja dans la centrifugeuse ou l'extracteur de jus.

**Jus d'ananas, épinards, mangue et kumquat à la vanille**
Suivez la recette de base, en ajoutant 6 kumquats dans la centrifugeuse ou l'extracteur de jus. Ajoutez également 1 c. à c. d'extrait de vanille liquide dans le blender.

**Jus d'ananas, épinards, mangue et asperge à l'herbe de blé**
Suivez la recette de base, en ajoutant 6 pointes d'asperges dans la centrifugeuse ou l'extracteur de jus. Ajoutez également 1 c. à c. d'herbe de blé en poudre dans le blender.

**Jus d'ananas, épinards et mangue à la mûre**
Suivez la recette de base, en ajoutant 75 g de mûres dans le blender.

Variantes

# Jus de grenade, papaye, goyave et ananas

Voir recette de base p. 259

**Jus de grenade, papaye, banane et ananas**
Suivez la recette de base, en remplaçant la goyave par ½ banane mûre mais ferme. Ajoutez-la dans le blender.

**Jus de grenade, melon, goyave et ananas**
Suivez la recette de base, en remplaçant la papaye par 90 g de chair de melon charentais. Ajoutez-la dans le blender.

**Jus de grenade, cerise, goyave et ananas**
Suivez la recette de base, en remplaçant la papaye par 120 g de cerises dénoyautées. Ajoutez-les dans le blender.

**Jus de grenade, fruit de la Passion, goyave et ananas**
Suivez la recette de base, en remplaçant la papaye par la chair épépinée d'un fruit de la Passion.

Variantes

# Jus de pêche, poire et papaye

Voir recette de base p. 260

**Jus de pêche, poire et papaye à la mangue**
Suivez la recette de base, en ajoutant 50 g de mangue pelée et dénoyautée dans la centrifugeuse ou l'extracteur de jus.

**Jus de pêche, poire et papaye au melon**
Suivez la recette de base, en supprimant l'orange. Ajoutez 90 g de chair de melon charentais dans la centrifugeuse ou l'extracteur de jus.

**Jus de pêche, poire et papaye à la banane**
Suivez la recette de base, en ajoutant ½ banane mûre mais ferme dans le blender.

**Jus de pêche, poire et papaye à la betterave**
Suivez la recette de base, en supprimant le gingembre. Ajoutez 1 petite betterave crue dans la centrifugeuse ou l'extracteur de jus.

Variantes

# Jus de figue, goyave, raisin et myrtille

Voir recette de base p. 262

**Jus de figue, goyave, mangue et myrtille**
Suivez la recette de base, en supprimant le raisin. Ajoutez ¼ de mangue pelée et dénoyautée dans la centrifugeuse ou l'extracteur de jus.

**Jus de tomate, goyave et eau de coco**
Suivez la recette de base, en supprimant les figues, le raisin et les myrtilles. Ajoutez 2 tomates dans la centrifugeuse ou l'extracteur de jus, puis 4 c. à s. d'eau de coco dans le blender.

**Jus de figue, goyave, pêche et mûre**
Suivez la recette de base, en supprimant le raisin et les myrtilles. Ajoutez 2 pêches dénoyautées dans la centrifugeuse ou l'extracteur de jus et 75 g de mûres dans le blender.

**Jus de figue, goyave, abricot et myrtille, sans produit laitier**
Suivez la recette de base, en supprimant le raisin et le yaourt à la grecque. Ajoutez 2 abricots dénoyautés dans la centrifugeuse ou l'extracteur de jus et 12 cl de lait de coco dans le blender.

Variantes

# Jus de melon au tamarin, au tahini et à l'avocat

Voir recette de base p. 263

**Jus de melon au tamarin, à l'avocat, à la pêche et au fruit de la Passion**
Suivez la recette de base, en supprimant le tahini. Ajoutez 2 pêches dénoyautées dans la centrifugeuse ou l'extracteur de jus, puis ajoutez 1 c. à c. de beurre d'amande et la chair épépinée de 2 fruits de la Passion dans le blender.

**Jus de melon au tamarin, à la banane, à l'abricot et au beurre de cacahuètes**
Suivez la recette de base, en remplaçant 1 pomme par 2 abricots dénoyautés. Ajoutez également, dans le blender, ½ banane mûre mais ferme et 1 c. à c. de beurre de cacahuètes.

**Jus de melon au tamarin, au tahini et au kiwi**
Suivez la recette de base, en supprimant l'avocat. Ajoutez 1 kiwi pelé dans la centrifugeuse ou l'extracteur de jus.

**Jus de melon au tamarin, à la mûre et au yaourt**
Suivez la recette de base, en supprimant le tahini et l'avocat. Ajoutez dans le blender 75 g de mûres et 90 g de yaourt brassé.

Variantes

# Jus orange-Passion à la mangue

Voir recette de base p. 265

**Jus orange-kiwi à la mangue**
Suivez la recette de base, en supprimant les fruits de la Passion. Ajoutez 2 kiwis pelés dans la centrifugeuse ou l'extracteur de jus.

**Jus orange-Passion à la mangue et à la poire**
Suivez la recette de base, en remplaçant les prunes par 2 poires.

**Jus orange-Passion à la mangue et à l'ananas**
Suivez la recette de base, en remplaçant les prunes par ¼ d'ananas.

**Jus orange-Passion à la papaye**
Suivez la recette de base, en remplaçant la mangue par ¼ de papaye, pelée et épépinée.

Variantes

# Jus orange-ananas pimenté

Voir recette de base p. 266

**Jus orange-ananas pimenté à la papaye**

Suivez la recette de base, en ajoutant dans la centrifugeuse ou l'extracteur de jus 1/4 de papaye pelée et épépinée.

**Jus orange-ananas pimenté au yuzu**

Suivez la recette de base, en ajoutant dans le blender le jus de 1/2 yuzu.

**Jus orange-ananas pimenté aux baies de goji**

Suivez la recette de base, en ajoutant dans le blender 2 c. à s. de baies de goji, en même temps que les autres ingrédients. Laissez gonfler 30 min avant de mixer.

**Jus orange-ananas pimenté à la mangue**

Suivez la recette de base, en ajoutant dans le blender 1/2 mangue pelée et dénoyautée.

Variantes

# Jus d'annone, mangue et orange

Voir recette de base p. 269

**Jus de mangue, orange, pomme et poire au yaourt**
Suivez la recette de base, en remplaçant les annones par 2 pommes (fuji ou gala) et 1 poire. Ajoutez 1 c. à s. de yaourt brassé dans le blender.

**Jus d'annone, mangue et orange au gingembre**
Suivez la recette de base, en ajoutant 1 cm de gingembre pelé dans la centrifugeuse ou l'extracteur de jus et ½ banane mûre mais ferme dans le blender.

**Jus d'annone, mangue et orange au lait de coco**
Suivez la recette de base, en ajoutant 4 c. à s. de lait de coco et 1 c. à s. de noix de coco râpée dans le blender.

**Jus d'annone, mangue et orange à la mûre et au yaourt**
Suivez la recette de base, en ajoutant dans le blender 75 g de mûres, 2 c. à s. de yaourt brassé et 1 c. à c. d'extrait de vanille liquide.

Variantes

# Jus goyave-ananas à la carambole

Voir recette de base p. 270

**Jus goyave-ananas à la carambole et au fruit de la Passion**
Suivez la recette de base, en ajoutant dans le blender la chair épépinée de 2 fruits de la Passion.

**Jus goyave-ananas à la carambole, au cassis et au yaourt**
Suivez la recette de base, en ajoutant 25 g de cassis dans la centrifugeuse ou l'extracteur de jus. Ajoutez également 4 c. à s. de yaourt brassé dans le blender.

**Jus goyave-ananas au kiwi**
Suivez la recette de base, en remplaçant la carambole par 1 kiwi pelé.

**Jus goyave-ananas à la carambole et à la banane**
Suivez la recette de base, en ajoutant dans le blender ½ banane mûre mais ferme et 2 c. à s. de yaourt brassé.

# Index

4-épices 93, 100

A
Abricot 47, 133, 140, 146, 160, 185, 195, 209, 211, 214, 273, 274, 278, 279
Açaï 17, 56, 133
Alfalfa 142, 151
Amande 38, 40, 41, 76, 116, 207, 247, 274
Ananas 18, 41, 42, 46, 49, 52, 59, 61, 97, 110, 111, 112, 116, 118, 19, 125, 137, 138, 140, 146, 68, 177, 196, 206, 236, 238, 246, 248, 253, 254, 256, 257, 259, 263, 266, 269, 280, 270
Annone 269
Asperge 168, 175, 177, 180, 275
Aubergine 238
Avocat 45, 46, 47, 74, 75, 109, 114, 148, 168, 177, 183, 208, 212, 217, 223, 263

B
Babeurre 100, 104
Banane 22, 24, 36, 38, 46, 89, 90, 96, 99, 103, 104, 121, 129, 143, 144, 144, 148, 178, 179, 183, 187, 191, 196, 198, 199, 205, 215, 243, 245, 248, 253, 276, 277, 279, 283
Basilic 39, 80, 176, 178, 215, 234, 239, 241, 246
Betterave 44, 51, 56, 67, 72, 75, 113, 114, 141, 177, 178, 180, 181, 219, 220, 223, 229, 234, 251, 277
Beurre d'amandes 109, 212
Beurre de cacahuètes 41, 75, 90, 112, 184, 198, 207, 279
Beurre de cajou 48
Blender 13
Blettes 52, 160, 242
Brocoli 79, 85, 159, 164, 173, 175, 183, 184

C
Cacao 33, 37, 90, 97, 103, 112, 145, 206, 210, 211, 212, 217
Café 47
Café glacé banane-ananas 196, 211
à l'abricot, sans produit laitier 211
à la pêche 211
Canneberge 27, 64, 74, 144, 147, 230, 240, 242, 244, 248
Cannelle 89, 93, 100, 106
Carambole 248, 270
Carotte 27, 31, 39, 44, 51, 55, 79, 80, 85, 86, 94, 100, 116, 118, 119, 169, 172, 177, 179, 180, 219, 226, 230
Cassis 79, 81, 96, 111, 143, 191, 256, 259, 272, 283
Céleri 42, 61, 64, 78, 85, 173, 176, 235
Céleri-rave 167
Centrifugeuse 12
Cerise 17, 45, 113, 137, 141, 143, 144, 147, 182, 209, 213, 216, 234, 236, 246, 247, 276
Chocolat 33
Chocolat glacé banane-ananas aux graines de lin 211
Chou rouge 220, 225, 226, 233, 242
Chou vert 167, 62, 72, 85
Ciboulette 249, 239
Citron 42, 67, 94, 150, 179, 220
Citron vert 80, 144, 173, 179, 180, 239
Citronnelle 158
Clémentine 39
Concombre 42, 51, 58, 59, 80, 114, 169, 272
Coriandre 78, 79, 85, 158, 184, 185, 239, 249
Courge butternut 86
Courgette 72, 74, 85, 167
Crème de pêche 104, 117
à la framboise 117
à la noix de coco, sans produit laitier 117
à la vanille et à la poudre de lucuma 117
aux graines de lin et aux flocons d'avoine 117
Crème façon tarte Tatin 89, 108
à la framboise 108
à la mûre 108
à la poudre de lucuma 108
aux graines de lin 108
Crème glacée 144
Cresson 78, 83, 87, 169, 171, 274

D
Dattes 106, 148

E
Eau de coco 278
Eau pétillante 94, 138
Echinacée 219
Épinards 22, 39, 52, 64, 68, 77, 81, 83, 87, 112, 119, 141, 154, 159, 171, 175, 187, 198, 210, 257, 272
Extracteur de jus 12

F
Fenouil 31, 61
Figue 45, 49, 77, 83, 116, 118, 142, 146, 148, 181, 201, 205, 206, 213, 215, 216, 251, 262
Flocons d'avoine 17, 27, 41, 90, 117, 184, 188, 210
Fraise 18, 21, 34, 40, 41, 59, 121, 126, 134, 137, 182, 187, 191, 215, 223, 234, 243, 244, 253
Framboise 18, 22, 28, 48, 65, 108, 117, 121, 137, 145, 204, 208, 209, 225, 236, 241, 247, 273
Fruit de la Passion 113, 114, 216, 256, 265, 276, 279, 283
Fruits rouges 28, 121, 137, 182, 188

G
Germes de blé 49, 90, 225
Gingembre 67, 72, 80, 94, 100, 107, 110, 150, 174, 179, 180, 220, 230, 242, 249, 282
Gluten (sans) 109
Goji (baies de) 28, 82, 129, 281
Goyave 259, 262, 270
Graines
de chia 67, 103, 245
de lin 37, 106, 108, 109, 110, 117, 147, 198, 211, 215, 245, 204
de pavot 85
de potiron 68
de sésame 233
de tournesol 85
germées 151
Grenade 201, 236, 259
Groseille 130, 142, 223, 238, 244, 250, 225
Groseille à maquereau 30, 84, 87
Guarana 33, 37, 83, 188

H
Haricot vert 178
Herbe d'orge 157
Herbe de blé 275
Huile de noix de coco 112, 151

J
Jus ananas-
cacao à la cerise 113
chocolat 97, 113
chocolat à l'orange 113
chocolat à la betterave 113
chocolat au fruit de la Passion 113
Jus apaisant banane-goji à la framboise et au cacao 145
à la lavande 129, 145
à la lavande et à la mûre 145
à la lavande et à la noix de coco 145
à la lavande et au yaourt 145
Jus banane-cassis 96, 112
à l'ananas 112
au cacao 112
aux épinards et au beurre de cacahuètes 112
sans produit laitier 112
Jus betterave-carotte
à l'échinacée 219, 239
à l'orange et à la ciboulette 239
au basilic et au piment 239
au citron vert et à la coriandre 239
au poivron rouge et à la marjolaine 239
à la banane 245
à la papaye 245
aux graines de lin 245
maca-lucuma 229, 245
Jus betterave-
goji du matin 44
groseille à maquereau au gingembre et aux graines de chia 84
mûre
myrtille aux graines de chia 245
pamplemousse au gingembre et aux graines de chia 84
pomme aux épinards et à la mûre 77
rhubarbe au gingembre et aux graines de chia 84
Jus betterave-orange
au gingembre et aux graines de chia 84
au miel et à la figue 77
au miel et à la poudre d'açaï 56, 77

au miel et à la poudre
de spiruline 77
au sirop d'agave,
sans produit laitier 77
Jus canneberge-
mangue à l'avoine 43
mûre à l'avoine 43
myrtille à l'avoine 27, 43
myrtille à l'avoine,
sans produit laitier 43
pomme à l'avoine 43
Jus carotte-
ananas à la poudre
de maca 46
avocat à la poudre
de maca 46
banane à la poudre
de maca 46
fenouil à la poudre
de maca 31, 46
mangue à la poudre
de maca 46
Jus carotte-poivron
à la canneberge et
au piment de Cayenne
244
Jus carotte-poivron à la
fraise et au piment de
Cayenne 244
Jus carotte-poivron à la
groseille et au piment
de Cayenne 244
Jus carotte-poivron à la
pastèque et au piment
de Cayenne 226
Jus carotte-poivron à la
tomate et au piment
de Cayenne 244
Jus carotte-poivron rouge
à la pastèque et au
piment de Cayenne
244
Jus cerise-myrtille 17, 37
à la noix de coco,
sans produit laitier 37
au cacao et graines
de lin 37
aux pruneaux 37
Jus chaud pomme-raisin
au gingembre et
au miel 111
Jus comme un gâteau
coco-carottes, sans
produit laitier 115
de carottes 100, 115
de carottes à la patate
douce 115
de carottes à la vanille
115
de carottes, au potiron
et aux noix 115
Jus d'abricot, mangue
et açaï 133, 147
et açaï à la cerise et
au cassis 147
et açaï à la mûre et
aux graines de lin 147
et pruneaux 147
Jus d'ananas, épinards
et mangue 257, 275
à la mûre 275
et asperge à l'herbe
de blé 275
et kumquat à la vanille
275
et raisin aux germes
de soja 275
Jus d'ananas, fraise,
concombre
et brocoli 79
et carotte 79
et cassis 79
et coriandre 79
Jus d'ananas, mangue,
banane
et fraise 253, 272
et fraise au concombre
272
et fraise aux épinards
272
et mûre 272
fraise et cassis
au yaourt 272
Jus d'annone, mangue
et orange 269, 282
à la mûre et au yaourt
282
au gingembre 282
au lait de coco 282
Jus d'orange 188
canneberge, carotte
et concombre 74
fraise et dattes 148
fraise et pamplemousse
à la figue 148
fraise et papaye 134, 140
fraise et papaye à
l'avocat 148
poire, avocat et
concombre 74
Jus de banane,
fraise et épinards
à la spiruline 40
framboise et épinards
aux graines de lin 22
framboise et épinards
aux graines de lin 40
framboise et kale aux
amandes 40
framboise, melon et
épinards aux graines
de lin 40
myrtille et pêche
aux graines de lin 40
Jus de betterave citronné
au gingembre et aux
graines de chia 67, 84
Jus de brocoli aux épinards
et à l'asperge verte
177
et au poivron vert 177
à l'ananas et à l'avocat
177
à la carotte et au raisin
177
à la poire et à la
betterave 177
Jus de canneberge, cerise
et mangue à la myrtille
147
Jus de chou rouge au
gingembre et à l'orange
240
et à la canneberge 240
et à la prune 240
et au citron 220, 240
et au pamplemousse
240
Jus de courgette,
betterave,
chou vert et orange 87
chou vert et poire 72,
87
cresson et poire 87
laitue et groseille
à maquereau 87
pamplemousse et
poire 87
Jus de cresson,
concombre et carotte
169, 183
à l'avocat 183
au brocoli 183
au kiwi 183
Jus de fenouil, ananas
et céleri 61, 80
et concombre 80
et laitue 80
carotte et gingembre
80
céleri et basilic 80
Jus de figue, goyave,
abricot et myrtille,
sans produit laitier 278
Jus de figue, goyave,
mangue et myrtille 278
Jus de figue, goyave,
pêche et mûre 278
Jus de figue, goyave,
raisin et myrtille 262
Jus de figue, goyave,
raisin et myrtille 278
Jus de fraise, raisin
et citron vert 144
Jus de fraise, raisin
et orange 126, 144
Jus de fraise, raisin et
orange à la canneberge
144
Jus de fraise, raisin et
orange à la cerise et à
la poudre de maca 144
Jus de fraise, raisin et
pamplemousse 144
Jus de fruits rouges
à l'orange pour le
petit-déjeuner, sans
produit laitier 38
Jus de fruits rouges
aux amandes pour
le petit-déjeuner 38
Jus de fruits rouges
banane-vanille pour
le petit-déjeuner 38
Jus de fruits rouges pour
le petit-déjeuner 18
Jus de fruits rouges pour
le petit-déjeuner 38
Jus de grenade et cerise
236, 250
Jus de grenade et cerise
à la groseille 250
Jus de grenade et cerise
à la mûre 250
Jus de grenade et cerise
à la rhubarbe 250
Jus de grenade et cerise
au raisin 250
Jus de grenade, cerise,
goyave et ananas 276
Jus de grenade, fruit
de la Passion, goyave
et ananas 276
Jus de grenade, melon,
goyave et ananas 276
Jus de grenade, papaye,
banane et ananas 276
Jus de grenade, papaye,
goyave et ananas 259,
276
Jus de groseille
à maquereau, pêche
et mangue 30, 45
Jus de groseille à
maquereau, pêche,
mangue et avocat 45
Jus de groseille à
maquereau, pêche,
mangue et cerise 45
Jus de groseille à
maquereau, pêche,
mangue et figue 45
Jus de groseille à
maquereau, pêche,
mangue et mûre 45
Jus de groseille, fraise
et raisin aux germes
de blé 243
Jus de groseille,
framboise et raisin
à la banane et
au lucuma 243
Jus de groseille,
framboise et raisin
au poivron rouge 243
Jus de groseille,
framboise et raisin
au tamarin 243
Jus de groseille,
framboise et raisin aux
germes de blé 225, 243
Jus de jeunes pousses,
pêche et abricot 160, 178
Jus de jeunes pousses,
pêche et abricot à la
betterave et au basilic
178
Jus de jeunes pousses,
pêche et abricot
à la pastèque 178

Jus de jeunes pousses, pêche et abricot au kiwi 178
Jus de jeunes pousses, pêche et abricot aux haricots verts et au pissenlit 178
Jus de mangue, orange, pomme et poire au yaourt 282
Jus de melon au tamarin, à l'avocat, à la pêche et au fruit de la Passion 279
Jus de melon au tamarin, à la banane, à l'abricot et au beurre de cacahuètes 279
Jus de melon au tamarin, à la mûre et au yaourt 279
Jus de melon au tamarin, au tahini et à l'avocat 263, 279
Jus de melon au tamarin, au tahini et au kiwi 279
Jus de melon, pêche et patate douce 86
Jus de melon, poire et carotte 86
Jus de melon, poire et patate douce 71, 86
Jus de melon, poire, courge butternut et prune 86
Jus de melon, poire, patate douce et pruneaux 86
Jus de myrtille et chou rouge au sésame 233, 247
Jus de myrtille et chou rouge au sésame et à la cerise 247
Jus de myrtille et chou rouge au sésame et à la prune 247
Jus de myrtilles et chou rouge à la framboise et aux amandes 247
Jus de myrtilles et chou rouge au sésame et à la pastèque 247
Jus de pastèque, fraise et canneberge à l'ananas 248
Jus de pastèque, fraise et cerise 234, 248
Jus de pastèque, fraise et cerise à la banane 248
Jus de pastèque, fraise et cerise à la carambole 248
Jus de pastèque, fraise et cerise au yaourt 248
Jus de pêche, canneberge, orange et rhubarbe 246
Jus de pêche, carotte, canneberge et orange 230, 246
Jus de pêche, carotte, canneberge, orange et cerise 246
Jus de pêche, carotte, canneberge, orange et radis 246
Jus de pêche, carotte, canneberge, orange, tomate et basilic 246
Jus de pêche, poire et ananas 125, 143
Jus de pêche, poire et ananas à l'orange 143
Jus de pêche, poire et ananas à la cerise 143
Jus de pêche, poire et ananas à la papaye 143
Jus de pêche, poire et ananas au cassis 143
Jus de pêche, poire et papaye 260, 277
Jus de pêche, poire et papaye à la banane 277
Jus de pêche, poire et papaye à la betterave 277
Jus de pêche, poire et papaye à la mangue 277
Jus de pêche, poire et papaye au melon 277
Jus de pêche, prune et abricot 140, 151
Jus de pêche, prune et abricot à l'alfalfa 151
Jus de pêche, prune et abricot à la noix de coco 151
Jus de pêche, prune et abricot au kiwi et au yaourt 151
Jus de pêche, prune et abricot au kumquat 151
Jus de poire glacé, ananas et fruits rouges 149
Jus de pomme verte, ananas et asperge 168, 182
ananas et cerise 182
ananas et fraise 182
ananas et kiwi 182
ananas et fruits rouges 182
Jus de pomme glacé, ananas et fruits rouges 137, 149
ananas et fruits rouges à la mûre 149
ananas et fruits rouges à la prune 149
ananas et fruits rouges à la spiruline 149
Jus de pomme
au sirop d'érable 25, 42
carotte, courgette et mûre 74
concombre et citron 42
coriandre et concombre 78
cresson et concombre 78
kale et concombre 78
kiwi et carotte 55, 76
kiwi et carotte au beurre d'amandes 76
kiwi et carotte au tahini 76
kiwi et mangue 76
kiwi et pêche 76
menthe et concombre 78
persil et céleri 78
persil et concombre 58, 78
poire et prune 122, 142
poire et prune à la figue 142
poire et prune à la groseille et au yaourt 142
poire et prune à la mangue 142
poire et prune au kiwi et à l'alfalfa 142
poire, carotte et concombre 51
poire, carotte et concombre 74
poire, concombre et myrtille 74
Jus de tomate épicé 235, 249
à l'orange 249
à la ciboulette 249
à la coriandre 249
au gingembre 249
Jus de tomate pimenté
au poivron et à la prune 224
au poivron rouge et à la prune 242
au poivron, à la canneberge et à la prune 242
au poivron, au chou rouge et à la prune 242
au poivron, aux blettes et à la prune 242
à la roquette, au poivron, à la prune et au gingembre 242
Jus de tomate, goyave et eau de coco 278
Jus détox canneberge-céleri 64, 82
à la pêche 82
à la spiruline 82
au pissenlit 82
aux baies de goji 82
Jus énergétique
choco-avocat 47
choco-banane 33, 47
choco-banane à l'abricot 47
choco-banane à l'orange et aux amandes 47
choco-banane, saveur moka 47
melon-mûre à la menthe 83
pomme-cresson à la menthe et aux myrtilles 83
pomme-épinards à la menthe, aux prunes et au guarana 83
pomme-kale à la menthe et à la figue 83
pomme-laitue à la menthe 65, 83
Jus épinards-
kale 154, 174
kale au gingembre 174
persil plat 174
poivron vert 174
raisin vert 174
Jus façon tarte au potiron 93, 110
et à l'ananas 110
et aux graines de lin 110
et aux noix 110
à la pêche et au gingembre 110
Jus fruits rouges-
carotte du matin 44
goji du matin 28, 44
kiwi du matin 44
orange du matin 44
Jus goyave-ananas à la carambole 270, 283
et à la banane 283
et au fruit de la Passion 283
au cassis et au yaourt 283
Jus goyave-ananas au kiwi 283
Jus groseille-aubergine à l'orange 238, 251
et à la betterave 251
et à la pêche 251
et au yaourt 251
et aux figues 251
Jus groseille-fraise
à l'avocat et au basilic 241
et au lucuma 223, 241
à la pêche et à la poudre de maca 241
à la tomate et au lucuma 241

Jus groseille-framboise
à l'avocat et au lucuma 241
Jus mandarine-fraise
au lait de cajou 48
Jus mangue-banane 24, 41
à l'ananas 41
à l'avoine et aux amandes 41
à l'orange et aux fraises 41
au beurre de cacahuètes 41
Jus mangue-cassis
au kale et au piment de Cayenne 81
Jus mangue-myrtille
à la laitue et au piment de Cayenne 62, 81
aux épinards, aux prunes et au piment de cayenne 81
Jus mousseux
choco-prunes aux graines de chia et aux amandes 116
coco-choco aux graines de chia 103, 116
coco-choco aux graines de chia et à l'ananas 116
coco-choco aux graines de chia et à la figue 116
coco-choco vitaminé aux graines de chia 116
Jus mûre-myrtille pour le petit-déjeuner 38
Jus orange-ananas
pimenté 266, 281
à la mangue 281
à la papaye 281
au yuzu 281
aux baies de goji 281
Jus orange-
fraise au lait de cajou 34, 48
fraise au lait de coco 48
framboise au lait d'amandes 48
kiwi à la mangue 280
myrtille au lait de cajou 48
Passion à la mangue 265, 280
Passion à la mangue et à l'ananas 280
Passion à la mangue et à la poire 280
Passion à la papaye 280
poire à la laitue, au céleri et aux graines de tournesol 85
poire à la patate douce, à la carotte et à la coriandre 85
poire au chou vert, à la courgette et aux noix 85
poire au kale, au brocoli et aux graines de pavot 85
poire aux pousses d'épinards 68, 85
Jus pamplemousse-
carotte à la clémentine 39
fraise à la menthe 21, 39
fraise au basilic 39
fraise au melon et à la menthe 39
fraise poivré 39
Jus papaye-mûre au chou vert et au piment de cayenne 81
Jus Passion-cassis au tofu 256, 274
et à la mangue 274
et au cresson 274
et au kiwi 274
à l'abricot et au lait d'amandes 274
Jus pêche-groseille 130, 146
à l'abricot et au yaourt 146
à l'ananas 146
à la figue 146
à la prune 146
Jus pêche-papaye 107, 119
à l'ananas 119
à la carotte et à l'orange 119
aux épinards 119
aux pruneaux 119
Jus pétillant des îles 138, 150
à la prune 150
au citron 150
au gingembre 150
au pamplemousse et à la papaye 150
Jus pomme-
ananas au sirop d'érable 42
betteraves au raisin et à la banane 114
laitue à l'herbe d'orge 157, 175
laitue à l'herbe d'orge et à l'asperge 175
laitue à l'herbe d'orge et au brocoli 175
laitue à l'herbe d'orge et au persil plat 175
laitue à l'herbe d'orge et aux épinards 175
mûre au sirop d'érable 42
myrtille au miel 42
orange à la prune et à la banane 114
orange au concombre et à l'avocat 114
orange au fruit de la Passion et à la banane 114
orange au kiwi et à la banane 99, 114
Jus protéiné cerise-myrtille au guarana 37
Jus tonique des îles 150
Jus vert à l'ananas 52, 75
et à l'avocat 75
et à la betterave 75
et au beurre de cacahuètes 75
Jus vert à l'eau de coco 158, 176
et au poivron vert 176
à la pomme et à la menthe 176
au céleri et au basilic 176
Jus vert au lait de coco 176
Jus vert brocoli-pêche 164, 180
à l'asperge 180
à la carotte 180
à la poire et au citron vert 180
au gingembre 180
Jus vert céleri-orange 167, 181
à la betterave 181
à la figue 181
au kiwi 181
Jus vert céleri-pamplemousse 181
Jus vert citron vert-kiwi à la carotte et au persil 179
Jus vert citron-kiwi au gingembre 179
Jus vert kiwi, épinards et cresson 171, 184
à la coriandre 184
à la pêche 184
au brocoli 184
aux flocons d'avoine et au beurre de cacahuètes 184
Jus vert orange-kiwi 163, 179
à la banane 179
Jus vert pamplemousse-kiwi à la mangue 179
Jus vert romaine, poire, orange et carotte 172, 185
à l'abricot 185
à la coriandre 185
au melon 185
Jus vert romaine, pomme et concombre 185

K
Kale 40, 78, 81, 83, 85, 154, 158, 188
Kiwi 44, 55, 99, 142, 151, 153, 171, 178, 181, 182, 183, 210, 216, 254, 266, 274, 279, 280, 283
Kumquat 151, 213, 275

L
Lait 90, 145
Lait d'amande 38, 43, 47, 48, 103, 118, 205, 208, 209, 212, 273, 274
Lait de cajou 34
Lait de coco 36, 37, 38, 43, 48, 103, 112, 115, 117, 145, 151, 176, 201, 207, 208, 211, 217, 273, 278, 282
Lait de riz 198, 207
Laitue 65, 80, 81, 85, 87, 157, 160, 172, 224
Lavande 81, 129
Limonade pomme-raisin au gingembre 94, 111
et à l'ananas 111
et à la myrtille 111
et au cassis 111

M
Mandarine 48
Mangue 24, 30, 43, 46, 62, 76, 133, 142, 179, 192, 211, 212, 245, 253, 254, 257, 259, 265, 269, 274, 277, 278, 281
Marjolaine 239
Martini à la pomme verte 173, 153
comme à Moscou 173
et au brocoli 173
et au céleri 173
et au citron vert 173
Melon 39, 40, 71, 83, 185, 276, 277
Menthe 21, 65, 78, 107, 176
Miel 41, 42, 56, 89, 111
Milkshake choco-banane à la poudre de maca 36, 49
à l'ananas 49
à la figue 49
à la papaye 49
aux germes de blé 49
Moka glacé banane-ananas à la mangue 211
Mûres 28, 38, 42, 43, 45, 74, 77, 81, 108, 130, 145, 147, 149, 192, 201, 219, 229, 238, 250, 254, 272, 275, 278, 279, 282
Myrtilles 17, 27, 28, 38, 40, 42, 48, 62, 74, 83, 49, 111, 121, 129, 130, 147, 191, 199, 214, 233, 245, 262

**N**
Nectarine 273
Noix 85, 110, 115
de cajou 34
de coco 37, 48, 103, 117, 145, 151, 158, 217, 282
de macadamia 118
Noix muscade 93

**O**
Orange 34, 38, 41, 44, 44, 47, 56, 68, 74, 84, 87, 99, 113, 116, 119, 121, 126, 134, 138, 143, 167, 172, 202, 230, 238, 239, 240, 249, 260, 265, 266, 269

**P**
Pamplemousse 21, 84, 87, 114, 144, 148, 150, 179, 181, 240
Papaye 49, 81, 107, 134, 143, 150, 245, 259, 260, 273, 280, 281
Pastèque 178, 226, 234, 247
Patate douce 71, 85, 115
Pêche 30, 40, 76, 82, 86, 104, 107, 110, 125, 130, 137, 140, 147, 160, 164, 184, 195, 209, 211, 213, 214, 230, 241, 251, 260, 278, 279
Persil 58, 174, 175, 179
Petit-déjeuner 16
Piment 62, 224, 226, 235, 239, 266
Pissenlit 82, 178
Poire 51, 64, 68, 71, 72, 107, 122, 125, 149, 158, 160, 168, 172, 177, 180, 199, 216, 253, 257, 260, 280, 282
Poivre 39
Poivron 159, 174, 176, 224, 226, 235, 239, 243
Pomme 18, 25, 30, 43, 51, 55, 58, 65, 77, 87, 89, 90, 94, 99, 121, 122, 137, 157, 159, 160, 168, 176, 179, 185, 204, 205, 220, 229, 263, 282
Potiron 93, 115, 202, 266, 257
Poudre de lucuma 33, 108, 117, 223, 243, 229
Poudre de maca 31, 36, 144, 149, 199, 207, 209, 229, 241
Presse-agrumes 12
Produit laitier (sans) 38, 43, 77, 109, 112, 115, 117, 118, 211, 278
Protéines en poudre 109, 216
Prune 81, 83, 86, 114, 116, 122, 140, 141, 146, 149, 150, 202, 206, 224, 229, 236, 240, 247, 248, 265
Pruneaux 37, 86, 119, 147
Psyllium 195

**R**
Radis 246
Raisin 94, 114, 126, 153, 174, 177, 225, 233, 250, 262, 275
Remontant du goûter choco-beurre d'amandes 109
Remontant du goûter choco-beurre de cacahuètes 90, 109
à l'avocat 109
sans gluten 109
sans produit laitier 109
Rhubarbe 84, 87, 246, 250
Roquette 242

**S**
Sauce worcestershire 235
Saveur d'Istanbul 106, 118
à l'ananas 118
à la carotte 118
à la figue 118
aux noix de macadamia, sans produit laitier 118
Schweppes 150
Sirop
d'agave 77
d'érable 25, 209, 244
Smoothie abricot-amande au psyllium 195, 210
et à l'avoine 210
et au chocolat 210
et au kiwi 210
et aux épinards 210
Smoothie aux fruits rouges façon superfood 188, 207
à la noix de coco 207
à la poudre de maca 207
au beurre de cacahuètes 207
aux amandes 207
Smoothie bananamaca
à la myrtille 199, 213
et à la cerise 213
et à la figue 213
et à la pêche 213
et au kumquat 213
Smoothie banane-épinards
à l'avocat 212
au beurre d'amandes 212
au beurre de cacahuètes 198, 212
chocolaté 212
Smoothie banane-figue
à la noix de coco 217
au lait d'amandes 205, 217
au lait d'amandes et à l'avocat 217
au lait d'amandes et au chocolat 217
Smoothie banane-figue au yaourt 217
Smoothie banane, fraise et épinards 187, 206
à l'ananas 206
à la figue 206
à la prune 206
au cacao 206
Smoothie cresson, concombre et carotte 183
Smoothie fraise, raisin et orange 144
Smoothie grenade, figue, mûre et abricot 214
mûre et noix de coco 201, 214
mûre et yaourt 214
myrtille et noix de coco 214
pêche, mûre et noix de coco 214
Smoothie mangue-épinards au beurre de cacahuètes 212
Smoothie mûre-mangue à l'abricot et au sirop d'érable 209
à la cerise et au lait d'amandes 209
à la framboise, au miel et au maca 209
à la pêche et au miel 209
au miel 192, 209
Smoothie orange, fraise et papaye 148
Smoothie pêche, poire et ananas 143
Smoothie pomme-framboise
à la figue 216
à la poire et au fruit de la Passion 216
au kiwi 216
aux graines de lin 204, 216
Smoothie potiron, prune et orange 202, 215
à la banane 215
à la figue 215
à la fraise 215
au basilic 215
Smoothie protéiné pomme-cerise 216
Smoothie revitalisant 191, 208
à l'avocat 208
à la framboise 208
à la spiruline et aux amandes 208
sans produit laitier 208
Smoothie vert à l'ananas et à l'avocat 75
Soja 275
Spécial banane-fruits rouges 121, 141
à la betterave 141
à la cerise 141
à la prune 141
aux épinards 141
Spiruline 33, 40, 77, 82, 149, 208

**T**
Tahini 76, 263
Tamarin 243, 263
Tofu 256
Tomate 224, 235, 241, 244, 246, 278
Tonic 150
Tropical mangue-framboise au lait d'amandes 273
kiwi 254, 273
kiwi à l'abricot 273
kiwi à la nectarine 273
kiwi à la papaye et au lait de coco 273

**U**
Ustensiles 12

**V**
Vanille 38, 115, 117, 275
Vodka 173

**Y**
Yaourt 75, 106, 142, 143, 145, 146, 151, 183, 191, 192, 207, 214, 217, 248, 251, 279, 282, 282, 283
Yuzu 281